KB266343

아버지 없는
세상의 아들들

◆ **고혜경**

신화학자, 치유상담대학원대학교 교수. 미국 퍼시피카대학원대학교에서 신화학으로 석·박사 학위를 받았고, 오클랜드 창조영성대학원에서 제러미 테일러 박사에게 '그룹 투사 꿈작업'을 배웠다. 2013년에는 5·18 민주화운동 피해자들의 트라우마를 치유하는 과정을 이끌었다. 이는 국가 폭력 피해자를 대상으로 한 국내 최초의 꿈작업 시도였으며, 개인의 꿈을 사회적 맥락 속에서 읽어 내는 일의 의미와 가치를 알리며 많은 주목을 받았다. 현재 꿈과 신화를 통해 개인과 집단의 상처를 어루만지고 무의식을 탐색하는 일에 매진하고 있다. 지은 책으로 《마음 오디세이아 1》《나의 꿈 사용법》《꿈에게 길을 묻다》《꿈이 나에게 건네는 말》《선녀는 왜 나무꾼을 떠났을까》《태초에 할망이 있었다》가 있으며, 옮긴 책으로 《여신의 언어》《당신의 그림자가 울고 있다》《꿈으로 들어가 다시 살아나라》《꿈이 이끄는 치유의 길》 등이 있다.

아버지 없는 세상의 아들들

© 고혜경 2026

초판 1쇄 인쇄 2026년 3월 17일
초판 1쇄 발행 2026년 3월 30일

지은이 고혜경
펴낸이 유강문
인문사회팀 최진우 김효진
마케팅팀 김한성 조재성 박신영 김애린 오민정 우지윤

펴낸곳 (주)한겨레엔 www.hanibook.co.kr
등록 2006년 1월 4일 제313-2006-00003호
주소 서울시 마포구 창전로 70 (신수동) 화수목빌딩 5층
전화 02-6383-1602~3
팩스 02-6383-1610
대표메일 book@hanien.co.kr
ISBN 979-11-7213-391-7 03180

▪ 이 책은 치유상담대학원대학교의 학술연구비를 지원받아 제작되었습니다.

아버지 없는 세상의 아들들

고혜경 지음

그리스 신화로 읽는
현대 남성 내면의 원형들

바람직한 남성의 모델은 시대에 따라 끊임없이 바뀌었지만, 2020년대의 인류만큼 '남성성의 카오스(대혼란)'를 겪는 시대가 있었을까. 강력한 아버지도, 친근한 아버지도, 똑똑한 아버지도, 돈과 권력으로 중무장한 아버지도 이제는 행복하지 않은 불안과 혼란의 시대. 이상적인 남성성의 모델을 찾기가 점점 어려워지는 현대 사회에서, 이 책은 현대 남성성의 위기를 매우 흥미로운 관점에서 접근한다. 바로 융 심리학의 두 축인 아니마와 아니무스, 즉 남성 안의 여성성, 여성 안의 남성성이라는 프리즘이다. 고혜경 박사는 인류가 잃어버린 남성성의 원형을 그리스 신화의 남신들, 헤파이스토스, 아폴론, 헤르메스, 디오니소스, 하데스로부터 끌어내고, 그들을 단지 흥미로운 스토리텔링의 주인공이 아니라 인류 전체가 잃어버린 '아니마와 아니무스'를 간직하고 있는 존재로 복원해 낸다.

　　우리가 의식적으로 무시하는 욕망과 감정은 결코 사라지지 않고 영혼의 그림자가 된다. 그리고 그 그림자는 반드시 돌아온다. 폭력으로, 중독으로, 우울로, 또는 사회 전체의 병리로. 헤르메스를 억누른 사회에서는 창의성이 고갈되고, 디오니소스를 금지한 문명에서는 집단적 히스테리가 폭발한다. 하데스를 없애려 한 시대에는 죽음의 불안이 더욱 사납게 떠돈다. 그리하여 우리가 잃어버린 남성성의 이정표를 찾는 길은 바로 신화와 무의식 속에 있음을 발견한다. 이 책을 통해 오래된 신화 속의 케케묵은 남신 캐릭터는 새로운 영감의 원천으로 싱그럽게 부활한다. 제우스에게서 '여성의 목소리'에 열려 있는 리더십을 배우고, 헤파이스토스에게서 불굴의 투쟁과 고독한 장인 정신을 배우며, 헤르메스에게서 신출귀몰한 언어 감각과 '네고(타협)'의 기술을 배우다니. 우리가 익숙하게 '안다고 믿었던' 그리스 신화의 모든 케케묵은 남성성이 고혜경 박사의 능수능란한 붓끝을 거치자 경이롭고 매혹적인 새 시대의 남성성으로 거듭난다.

이 모든 '잃어버린 남성성의 발견'이라는 대장정에서 공통점은 '아니마와 아니무스의 조화로운 화해'에 있다. 남성 안의 여성성, 즉 아니마를 향해 더욱 열린 자세로 접근하는 남성일수록 이 복잡다단한 현대 사회에서 더 나은 길을 찾을 수 있는 내면의 황금열쇠를 지니게 된다. 살아 있는 여성들의 목소리뿐 아니라 남성들 스스로 자기 내면의 억압된 여성성에 귀를 기울일 수 있는 용기가 필요한 시대가 도래했다. 제우스의 열린 카리스마와 헤파이스토스의 처절한 고투, 아폴론의 균형 감각과 헤르메스의 찬란한 융통성, 그리고 디오니소스의 재기발랄함과 하데스의 기꺼이 끝을 향해 달려가는 용기. 그 모든 것을 빠짐없이 갖춘 조화로운 남성상을 찾아가는 저자의 천의무봉한 스토리텔링을 따라가다 보면, 인류가 더 이상 남성성과 여성성을 흑백 논리로 바라보지 않은 채 '본래부터 하나였던 것'으로 이해하는 새로운 메타 인지를 얻게 된다.

　　　이 책을 읽어 가는 과정은 오디세우스의 장쾌한 모험 같기도 하고, 사랑을 찾아 모든 것을 던질 줄 아는 프시케의 눈물겨운 모험 같기도 하다. 신화와 심리학에 대한 해박한 지식, 살아 있는 우리 인간들을 향한 그칠 줄 모르는 사랑으로 가득한 고혜경 박사의 붓끝은 끝내 우리의 잠든 무의식을 일깨워, '내 안에 잠자고 있던 나도 모르는 영웅'을 깨워 낼 것이다. 이 험난한 사회에서 아들을 어떻게 키워야 할지 막막한 부모는 물론, '요즘 남자들'을 도저히 이해할 수 없어 답답해하는 모든 세대들, 그리고 끝내 '내 인생의 나침반을 과연 어디에 둘 것인가'를 끈질기게 질문하는 모든 현대인들에게 이 책을 선물하고 싶다. 날카로운 이성의 칼끝과 한없이 따스한 감성의 날개를 동시에 간직한 아름다운 책이다.

– 정여울(작가, 《데미안 프로젝트》 저자)

그림자에 묻혀 있는 보물을 찾아서

왜 지금 남성성을 물어야 하는가?

AI는 우리 사는 세상을 전혀 다른 풍경으로 바꾸어 놓고 있다. 로봇 가전들이 생활 깊숙이 스며들고, 인간과 휴머노이드가 함께 살아가는 SF 영화 같은 장면이 일상에 펼쳐지고 있다. 이 급변하는 시대 속에서 희망과 두려움, 기대와 우려가 뒤섞인 미래의 청사진들이 마구 그려진다. 놀라운 생산성에 기반한 유토피아를 그려 보는가 하면, AI와 로봇이 자치권을 획득하고 집단 지성을 발달시켜 결국 인간이 통제할 수 있는 범위를 벗어나고 마는 디스토피아도 상상해 본다. 또 한 번, '의식의 끝자락에 다다르면 불가피하게 투사가 일어난다'는 심리학적 진리를 확인할 따름이다.

인류는 여러 번의 혁명을 거쳐 왔다. 그리고 다시 새로운 혁명기를 맞고 있다. 특히 노동 시간의 단축은 자명해 보인다. 이것이 인간에게 '노동 해방'이 될지 '노동 박탈'이 될지는 아직 모르지만, 잉여로 주어질 많은 시간 동안 인간은 무엇을 하며 살 것인가?

부디 불변하는 인간의 과업에 매진하는 방향으로 진화의 물꼬가 터지기를 바란다. 지능을 가진 기계와 공존할 인류의 핵심 화두는 앞으로 인간과 인간성이란 무엇인지에 대한, 궁극적인 '인간 물음'들로 자연히 채워질 수밖에 없다. 나는 누구인가? 나라는 존재의 의미는 무엇인가? 세상은 무상한 것일까? 전 우주는 의미의 그물망으로 이어져 있는가?

격변의 시대가 만든 이러한 탐색의 흐름 위에, 나는 '남성성이란 무엇인가'라는 구체적 질문 하나를 더하려 한다. 우리는 어떤 특질들을 한데 묶어 남성성이라 부르는가? 우리 안의 남성성은 어떻게, 어디까지 발달해 있을까?

반백 년이 넘는 지난 시간 동안 여성성에 대한 물음은 매우 치열했다. 여성주의를 필두로, 다양한 분야에서 여성성의 가치에 대한 논의가 활발히 전개되었다. 심리학적 양성성을 온전함의 이상으로 강조하는 심층심리학depth psychology에서도 남성의 발달을 위한 여성성 회복은 필연이라는 주장이 거셌다. 그렇다면, 과연 남성성은 무엇인가? 나는 이에 대해 충분히 영근 구체적 논의의 장을 본 기억이 없다. '가부장 시대의 모든 것은 남성성과 연관된다'는 뭉뚱그림은 도움이 되지 않는다. '아버지 부재'는 현시대를 진단한 표현 중 하나다. 갈수록 건강하고 성숙한 남성의 이미지보다는 온전치 못한 채로 상처 입은 남성 이미지만 눈에 들어온다. 그래서 질문하려 한다. 남성성의 본질적 힘과 아름다움은 과연 무엇인가?

고대 그리스에서 찾는 남성성의 원형들

남성성에 대한 탐색을, 나는 '첫 번째 무늬'라는 고태故態의 이미지에서 출발하려 한다. 심층심리학에서는 이를 '원형 archetype'이라 부른다. 인간 정신에는 마치 DNA처럼 선택권 없이 타고나는 보편적 패턴들이 존재하는데 그게 바로 원형이다. 카를 융의 심리학은 원형 이론을 중심으로 발달했는데, 이 원형들의 고향이자 메카가 바로 고대 그리스다. 현대 심리학이 힘, 대화, 공격성, 장애, 이성 같은 추상적 개념들을 발달시켰다면 고대 그리스인은 제우스, 헤르메스, 아레스, 헤파이스토스, 아폴론 같은 신들을 탄생시켰다. 각 신을 각각의 원형으로 볼 수 있다.

심리학적 견지에서 신들은 유용한 개념이자 은유다. 신화의 주인공인 남신과 여신들은 인간 정신을 이루는 여러 가지 서로 다른 힘들을 의인화한 것이다. 추상적 개념보다 의인화된 이미지가 접근하기에 훨씬 용이하다는 점은 픽사의

인기 애니메이션 시리즈 〈인사이드 아웃〉을 보면 잘 알 수 있다. 추상이 아닌 존재로 다가오니 쉽게 다가갈 수 있고, 말 걸기가 가능하니 힘들과 상호 소통이 가능해진다. 의인화된 신들은 우리 내면의 삶을 이해하는 데 큰 도움이 된다.

이는 '우뇌적'인 접근인데, 본래 정신의 언어는 단어가 아니라 이미지다. 현대 심리학은 가리키는 대상을 온전히 담지 못하는 추상적 언어를 쓰는 반면, 고대인들은 이미지에서 이야기를 상상하는 방식으로 현상을 이해했다. 이 오래된 방식은 내면을 활성화animate하고 지적 상상력을 더욱 풍부하게 만든다.

조지프 캠벨은 신화를 '상상의 꽃'이라 했다. 문화마다 꽃핀 신화는 보편적인 원형 이미지 위에 각 문화권의 상상과 이야기가 덧입혀지며 고유하게 발달해 온 결과다. 즉 신화는 저마다 다른 '문화의 옷'을 입고 있을 따름으로, 원형의 세계를 탐색하는 데 있어 그 어떤 신화를 대상으로 삼더라도 무방하다.

그런데 심층심리학이 고대 그리스로 회귀하는 이유는 그리스가 원형심리학archetypal psychology의 뿌리여서만은 아니다. 그리스 신화는 원형들이 특히 잘 분화되어 있고 또 스토리텔링이 탄탄하다. 혹자는 '그리스 신화는 그 자체로 심리학'이라 단언하기도 한다.

지금 이 시대, 우리가 고대 그리스 신들을 만나려는 이유는 찬란했던 고대에 대한 향수 때문도, 종교처럼 신들을 숭배하기 위해서도 아니다. 내 안, 그리고 세상에 작동하는 원형들의 힘을 알아차리기 위해서다. 보편적 '마음 무늬'를 찾아, 본래 그러하듯 다면적인 나와 우리를 더 깊이 이해하고자 함이다.

신화는 다채로움을 복원하는 만화경이다

원형심리학자 제임스 힐먼James Hillman은 '심리학적 다신관'이라는 다소 도발적인 아이디어를 제시한다. 인간 정신은 본래 단일하지 않고 다중심적이며 다면적이기 때문에, 이를 더욱 세밀하게 들여다볼 수 있는 정교한 시각이 필요하다고 역설한다. 내면세계는 복잡다단하다. 그리고 다채롭다. 그러니 우리의 마음 안을 탐색할 때, 흑백 렌즈가 아니라 스펙트럼의 다양한 색을 비추어 보이는 장미창 같은 렌즈가 절실하다.

고대 그리스인들은 올림포스의 다양한 신들 중 어느 한 신의 제대에만이라도 꽃과 향이 떨어지면 벌을 받는다고 믿었다. 심리학적 다신관의 그리스식 표현일 것이다. 이를 심리학적으로 이해하면 내면의 다양한 원형들 중 특정 원형만을 존중하고 나머지 다른 원형들은 무시하는 태도는 허용되지 않는다는 뜻인데, 편향된 의식 발달은 정신 건강과 자기실현에 매우 치명적이기 때문이다. 심리학은 우리가 신들(원형들)을 의식적으로 존중하지 않더라도 그들은 결코 사라지는 법이 없다고 말한다. 존중받지 못한 신들은 우리 무의식에 그림자로 남아 있으며, 이런 '그림자 신'들을 각종 증상이나 질환으로서 만나게 된다.

그래서 남성성이 아니라 '남성성들'이다. 인류 역사의 지난 2000년은 압도적으로 아폴론이 우세한 시대였다. 헤르메스, 헤파이스토스, 디오니소스, 하데스는 깊은 그림자 속에 묻힌 신들이다. 신화학자 발터 F. 오토Walter F. Otto는 신이란 세상이 자기를 스스로 드러내는 방식이며, 각 신(원형)들을 렌즈 삼아 세상을 바라보면 그동안 잘 보이지 않던 '전혀 다른 세상'이 빛을 발한다고 설명한다. 현대인처럼 편향적으로 의식이 발달하면 그만큼 세상도 다채로운 빛을 잃게 된다. 그러니 심리학적 다신관은 '다채로운 본래의 나와 세상'이 비로소 찬란한 빛을 발할 수 있도록 돕는 시각이자 아이디어다.

지금부터, 그간 우리 의식의 조명을 받지 못했던 다양한 남신들을 만날 것이다. 눈을 안으로 돌려 각자의 내면으로 모험을 떠날 때 이 책이 만화경처럼 사용된다면 좋겠다. 아폴론의 눈으로 삶을 바라보고, 만화경을 흔들어 헤르메스의 눈으로도 조망해 보고, 다시 흔들어 디오니소스의 눈으로 삶 전체를 반추하다 보면 닫혀 있던 세상들이 하나씩 제 모습을 드러낼 것이다. 장미창을 통과한 빛은 영롱하고 아름답다. 우리 마음 안의 빛들도 찬란하고 신비로울 것이다.

　　앞으로 많은 것들이 달라질 것이나 불변하는 것들은 언제나처럼 한결같을 것이다. 기대와 우려가 교차하는 격동의 시대, 이제 좀 더 근원적인 인간 물음으로 눈을 돌려야 할 때다. 오랜 세월 가부장제와 그 병리에 대한 논의가 진행되었다. 이제 물음을 달리 해 보자. 남성성의 본질적 힘과 아름다움은 무엇인가? 저마다의 답을 구하려 매진할 때, 두려움보다는 희망으로, 우려보다는 설렘으로 새 세상을 창조해 나가게 될 것이다.

차례

1장   제우스 ✦ 통합하고 성찰하는 진정한 아버지 신

2장   헤파이스토스 ✦ 상처로 마침내 거룩해진 신

3장   아폴론 ✦ 멀리서 빛나는 아름다운 신

1장

제우스

◆

통합하고
성찰하는
진정한 아버지 신

올림포스의 으뜸 신, 제우스는 위엄이 있다. 거구에 근육질 팔을 높이 치켜들어 힘차게 번개를 내려치거나 드높게 위치한 옥좌 위에 근엄하게 앉아 있는 모습으로 친숙한 제우스의 자태는 그가 서 있거나 앉아 있거나, 웅대하다. 제우스의 힘을 나타내는 대표 상징들인 독수리와 황소, 그리고 천둥 번개는 노골적으로 '제우스는 하늘의 신이자 천둥의 신이고 법과 질서의 신'이라 강변한다. 그의 힘 앞에 누구라도 압도된다. 제우스는 대들보이자 보호자이고, 통치자이자 심판자이다. 올림포스 여러 신들에게 각기 저마다의 역할을 할당하는 것 또한 제우스의 몫이다.

신들의 아버지이자 올림포스 다신 세계를 다스리는 제우스는 우리에게 '가부장제 아버지'를 대표하는 이미지를 제공한다. 통치나 지배가 제우스 이미지의 본질일 것이다. 그런데 아버지 제우스의 핵심 특질은 다름 아닌 '다양성 존중'이다. 올림포스는 상호 밀접하게 연관된 12신이 역동적으로 움직이는 장이다. 달리 말하면 여러 혁명적인 힘들이 갈등을 빚고, 서로 충돌하는 아이디어들이 공존하는 자리다. 이 다중심적 힘들 사이에서 질서를 유지하는 중심에 바로 제우스가 있다. 올림포스의 역동에 비추어, 우리 내면에서 일어나는 여러 일들을 이미지화해 보자. 제우스적 힘은 내면에 존재하는 모순을 다루거나 저마다 상반된 방향으로 작동하는 대극을 견뎌 내는 힘을 향상시킨다. 그러니 균형과 조화의 틀 안에서 창조성을 탄생시킨다는 그리스의 이상은 제우스를 빼놓고는 상상할 수가 없다.

　제우스는 복잡다단한 신이다. 그만큼 다양한 이름의 소유자이기도 하다. 탄생지들도 그리스 전역에 산재해 있는데, 지역마다 부각되는 이미지 차이가 현저하다. 제우스 신화의 상당 부분은 여신과 님프 그리고 인간에 이르는 무수한 연인과의 염문들, 그리고 그 결실로 태어난 헤아릴 수 없이 많은 자녀를 둘러싼 이야기들로 이루어져 있는데 이 또한 제우스의 복잡성과 다면성을 암시한다. 그러니, 이렇게 다면적이고 복잡한 제우스를 일관된 기준으로 '공정하게' 바라보기는 참으로 쉽지 않다는 점을 염두에 두고 그의 세계로 들어가 보자.

　제우스는 아버지다. 호메로스는 《오디세이아》 제1권에서 신들의 회의 장면을 묘사하며, 제우스를 '인간들과 신들의 아버지'라 수식한다. 아테나는 회의 석상에서 제우스를 "우리들의 아버지시여. 크로노스의 아드님이시여. 최고의 통치자시여…"라 부르며 발언을 시작한다. 이처럼 제우스를 아버지로 둔 그의 자녀는 무수히 많다. 다만 신화 속에서 여신 아테나와의 관계를 제외하고는 제우스가 제대로 아버지 역할을 하는 이미지를 찾아보기 어렵다. 그럼에도 그리스 신 중에서 '원형적 아버지'를 상징하는 존재는 단연 제우스다.

　혹자는 인류 문명사 5000년 전체가 아버지에 관한 것이라 말한다. 그런데, 막상 성숙하고 건강한 아버지 이미지를 떠올리려 하면 머릿속이 안개로 뿌예질 것이다. 각자가 경험한 개인의 아버지가 그러하고, 또 집단의 아버지로 대표되는 여러 인물과의 경험이 그러하다. 내면의 상처를 감추려 센 척하거나, 거세당한 자신에게 보상이라도 하려는 듯 존재 증명을 위해 안간힘을 쓰는 아버지의 모습이 우리에게는 더 익숙하다. 감정 조절이 안 되어 예기치 않게 분노를 폭발시키는 아버지들 모습은 도처에서 목격된다. 가부장제는 결국 아버지 가부장의 힘을 공고히 하는 체제인데, 이 시스템이 건강하고 성숙한 남성이나 아버지가 되어가는 데 결코 도움이 되는 것 같지도 않다.

아버지 이미지의 현주소

심리학은 실제 경험이 어떠하든 상관없이 우리 모두가 편향된 아버지 이미지로부터 성장한다고 진단한다. 누구도 예외 없이 편향되게 긍정적이거나 편향되게 부정적인 아버지 이미지를 품고 살아간다는 말이다. 상처 치유란, 서로 영향을 미치고는 있지만 해리 상태로 존재하는 떨어져 나간 부분을 통합하는 일이기도 하다. 그렇기에 아버지와의 관계를 치유하려면 먼저, 제한적으로 이해하고 부분적으로 인식하는 아버지의 반대쪽 얼굴을 마주해야 한다. 모두가 염원하는 '진정한 나'가 되는 과정인 개성화individuation는 원형의 온전한 경험을 필요로 하기 때문이다. '아버지 찾기'를 위해서도 아버지의 밝음과 어두움 혹은 긍정과 부정, 양쪽 경험이 모두 필요하다.

누구나 예외 없이 '아버지'라는 말에는 복잡다단한 감정과 정서와 기억을 연루시킨다. 그래서인지 이 지점에서 커다란 착각이 발생한다. '아버지'가 각자 삶을 통해 경험하는 개인적인 아버지만을 의미한다고 생각하는 것이다. 흔히 내뱉는, '아버지가 어떻게 그럴 수가 있어?'라는 탄식에는 '아버지'란 마땅히 이러해야 한다는 기대나 집단적 아버지 이미지가 내포되어 있다. 우리가 떠올리는 '아버지'에는 실제 경험한 자신의 아버지뿐만 아니라 '아버지'에 관한 내적 판타지까지 포함되어 있는 것이다. 그러니 '아버지'라는 개념은 결코 개인적일 수만은 없다는 점을 기억해야 한다.

심리학에서 '아버지의 부재'를 현시대의 표징이라 진단하고 있는 지금, 나는 '아버지를 찾아서'를 시도해 보려 한다. 이를 위해 고태적 이미지에서 출발해, 아버지의 본질이 무엇인지를 질문하려 한다. 우선 인류 '아버지 판타지'의 무의식적 뿌리인 원형적 아버지들, 그리스 신화 속 우라노스, 크로노스, 제우스의 이미지로부터 탐색을 시작해 보자. 또한 우리에게 익숙한 '편향된 아버지 신화'를 점검하면서, 나아가 아버지의 본질에 관한 물음을 심화해 보기로 하자.

악랄하고 잔혹한 첫 세대 아버지,
우라노스

우선 제우스의 아버지인 크로노스, 크로노스의 아버지 우라노스로 아버지 3대를 거슬러 올라가며 각각의 특질을 헤아려 보자. 이들 첫 세대 아버지들은 가장 고태적인 아버지 이미지를 잘 드러낸다.

3대를 거치며 내려오는 제우스 부계에는 '친자 살해'라는 절대 금기가 연루되어 있다. 우라노스는 자식이 태어나면 그 즉시 대지의 여신 가이아의 몸속에 묻어 버린다. 애초에 빛을 보지 못하도록 해 자녀가 세상 밖으로 나오는 것 자체를 막는다. 우라노스의 다음 세대인 크로노스는 자식이 태어나면 자기 뱃속으로 삼켜 버린다. '자식 잡아먹는 아버지 Devouring Father'다. 제우스는 자식을 직접 잡아먹지는 않지만 임신한 아내 메티스를 삼켜, 자신에게 위협이 될 수 있는 가능성을 사전에 차단한다.

그런데 우라노스, 크로노스, 제우스 삼대의 친자 살해 이미지에는 엄연한 차이가 존재한다. 세대를 거듭하는 동안 끔찍한 고태의 아버지 이미지가 점차 덜 원시적인 방향으로 진화한다. 먼저, 가장 고태의 아버지인 우라노스를 만나 보자.

하늘의 신 우라노스는 밤마다 아내 가이아 여신에게 내려온다. 우라노스는 가이아가 낳은 아이를 처음부터 증오하여 아이가 태어나는 즉시 땅속 깊이 묻어 버린다. 혹자는 지하 세계에서 가장 깊은 곳인 타르타로스에 가두었다고도 말한다. 앞서 말했듯 새 생명이 처음부터 빛을 보지 못하게 만드는 것이다. 헤시오도스는 《신통기》에서, 우라노스가 이런 행위를 하며 즐거워했다고 기술한다. 가이아 여신은 이 상황을 매우 고통스러워한다.

'우라노스Ουρανός'라는 말 자체가 그리스어로 '무한한 하늘'이라는 뜻이다. '천상'이나 '천당' 같은 가치가 내포된 추상적 의미라기보다는 물리적인 하늘 그 자체다. 가없이 넓고 한없이 멀어서 '창공蒼空'이라는 단어가 가장 적합해 보인다. 우라노스라는 첫 세대 아버지 이미지를, 아버지 의식이 태동하던 태초의 모습이라고 상상해 보자. 가장 원시적이고 가장 고태적인 아버지 이미지다.

우라노스는 태어난 자녀들을 가이아의 자리에 감금시켜서 가이아와 자기 사이에 그 무엇도 존재하지 못하게 만든다. 이 방식으로 하늘인 자신의 자리를 지켜 낸다. 우라노스가 밤마다 땅으로 내려오니, 하늘과 땅의 찰나적 접촉은 이루어진다. 그렇지만 그 접촉의 결과로 잉태된 생명들을 물질 세계인 가이아의 품에 감금시킨다. 애초에 생명의 싹이 자라나는 걸 막으니, 하늘과 땅 사이의 거리는 무한히 멀다. 이는 우라노스로 대표되는 '영spirit'과 가이아로 대표되는 '물질material'이 완전히 분리된 상태를 은유적으로 말해 주는 것이다. 이

이미지를 내면세계로 가져와 보자. 영과 물질 사이의 간극이 크게 벌어진 의식을 지닌 사람, 그의 실제 삶은 어떤 모습일까? 자녀는 새로움이고 가능성이니, 미래를 뜻한다. 새로운 것은 아무것도 허용되지 않는 상태다. 그러니 기존에 존재하지 않았던 생각이나 창의력이 결코 밖으로 태어날 수 없다.

이런 의식의 소유자들은 늘 '하늘 아래 새로운 건 있을 수 없다'고 외친다. 설명이나 설득을 할 때, '나는 늘 이런 식으로 해왔다'라거나 '이게 내가 배운 방식이니 그냥 하던 대로 하라'는 일관된 레토릭을 구사한다. 그들의 심적 토양에는 통찰이나 자각의 여지가 존재하지 않는다. 무의식 깊이에 개인의식이 묻혀 있어 의식 태동이 불가능한 상태, 오직 집단의식만이 정신을 지배하는 상태다.

누군가는 인습이나 관습, 전통 같은 집단의식에 동화되어 사는 게 뭐가 문제인지 반문할지 모르겠다. 하지만 이는 집단의식의 파괴성을 간과하는 항변이다.

경계 없이 한 덩어리로 엉겨 붙어 있는 균질한 존재들이 지배하는 세상을 상상해 보자. 인간은 사회적 동물인지라 주변 환경이나 타인의 의견, 미디어가 생산하는 메시지 등으로부터 결코 자유로울 수 없다. 이에 맞서려는 개인은 존재 자체가 위험해진다. 게다가 집단의 감정은 전염성이 강하다. 현재 우리 사회를 비롯한 지구 곳곳에 전체주의나 맹목적 신념이 확산해 간다. 극단적으로 편향된 정치 이념이 맹렬히 표출되고 있다. 묻지도 따지지도 않고 오직 집단의 가치나 구호만을 맹종하는 사람들을 만날 때마다, 나는 우라노스적 원시성을 목격한다.

새로움을 위협이나 두려움으로 간주하는 세상에서 집단의식은 개인의식의 발달을 가로막는다. 그리고 나아가 의식을 해체시킨다. 이런 세상은 무의식적 틀에 갇혀 사는 맹목적인 사람들만을 필요로 하기에, 각 개인의 의식 세계에든 외부 세상에든 창의적 가능성이나 새로운 아이디어로 대별되는 어린아이다움은 설 자리가 없어진다. 기대하는 앞날, 발전적인 미래에 대한 상상도 불가능해진다. 이보다 더한 인간성 파괴가 과연 존재할까?

시간을 일직선상에 놓고 세상은 늘 발전한다고 믿는 진화론자들이라면 우라노스는 인류의 오랜 과거일 뿐 '문명화'된 현대인과는 무관한 의식 상태라 주장할지 모르겠다. 하지만 우리 현실태現實態나 매일 곳곳에서 쏟아지는 뉴스를 보면, 인류 의식에 있어 진화론은 오류로 보인다. 우라노스는 내 안에, 그리고 우리 안에 엄연히 살아 있음을 부인하기 어렵다.

그렇다면 우라노스가 가두어 버린 자녀들은 어떻게 될까? 가이아의 몸속 깊이 억압된 에너지로 자리한다. 에너지의 총량은 늘 일정하게 보존된다는 우주의 열역학 법칙처럼, 심적 에너지 또한 억압하거나 부인한다고 결코 사라지는 법은 없다. 감금된 자녀들은 가이아의 몸에 부담을 주고, 이는 결국 심인적인 증상으로 드러나게 된다. 몸에 부담을 가중시킨 심적 에너지는 암이나 위장장애 혹은 각종 히스테리로 발현된다. 실패한 의식의 드라마가 몸에서 반란을 일으키는 것이다. 원형심리학자 제임스 힐먼은 내면의 목소리를 의식화하지 않으면 증상으로 만나게 된다고 했다. 개인이든 집단이든 우리가 앓는 각종 병리적인 증상들은 억압된 심적 에너지를 의식화하라고 촉구하는 영혼의 호소일 터이다.

심리학을 공부할수록 점차 명료해지는 것 하나는, 나이에 따라 몸이 발달하듯 의식의 성장 또한 거부할 수 있는 성질의 것이 아니라는 점이다. 거부나 부인이 치를 대가가 혹독하기 때문에 그렇다. 물론 의식을 확장하는 일이 만만하지는 않다. 그렇지만 억압하고 부인해서 혼란과 무지로 일평생 고통받는 것보다는 덜 힘들다고 믿는다. 정체와 퇴행, 또는 성장과 확장, 둘 다 힘들다는 게 자명하다면 차라리 애쓴 보람이 있는 쪽을 택하는 것이 스스로 덜 고통스럽고 주변 사람도 덜 괴롭히는 유일한 길인 것이다.

우라노스는 세상을 영구적으로 눈멀게 만든다. 하지만 이런 정체 상태가 지속될 수는 없는 것이 숙명인지, 혁명이 일어난다. 드디어 잔혹한 우라노스 시대는 막을 내린다.

크로노스의 승리와
새로운 질서의 도래

더는 이 상황을 견딜 수 없게 된 가이아 여신이 계략을 쓴다. 돌로 날카로운 톱니가 달린 낫을 만들어 자식들 앞에 내려놓고 제안한다. "너희들 중 누가 사악한 아비를 벌하겠느냐?” 이 말에 용기를 내는 자식은 크로노스뿐이다. “어머니, 제가 하겠습니다.”

밤이 되자 우라노스가 사랑을 나누기 위해 하늘에서 내려와 땅을 덮친다. 막 관계를 맺으려 할 때, 매복하고 있던 크로노스가 모습을 드러낸다. 크로노스는 왼손으로 아버지의 성기를 거머쥐고는, 오른손에 쥔 낫으로 성기를 잘라 등 뒤로 던져 버린다.

잘린 우라노스의 성기는 바다로 떨어진다. 파도와 함께 일렁이며 떠다니다 그 포말泡沫에서 아프로디테가 탄생한다. 이 유혈 사태 이후 우라노스는 밤이 되어도 더는 땅으로 내려오지 않는다. 최초의 번식은 여기서 끝난다. 이제 세상은 크로노스의 지배 아래 놓인다.

아버지가 거세되었다. 아들의 혁명으로 새 우주가 태어난다. 영구적으로 눈먼 세상에 빛이 침투한다. 크로노스의 오누이들도 감금 상태에서 풀려난다. 사악한 아버지의 압제에서 벗어나는 방법이 ‘거세castration’였던 것이다. 프로이트의 가설인 오이디푸스 콤플렉스가 문자 그대로 적나라하게 벌어졌다.

신화는 은유와 상징으로 이야기하므로 이를 물리적 거세만으로 생각할 수는 없다. 거세란 남성의 풍요를 대표하는 생식 능력을 박탈하는 행위, ‘영spirit의 불임화’를 뜻한다. 사내다움을 제거해 치명적인 굴욕감을 안긴다. 이는 인류 최고의 금기이자 불경이다.

거세는 고대 그리스뿐 아니라 동서양을 막론하고 세계 신화들에 빈번하게 등장하는 신화소神話素다. 역사적으로도 특히 권좌 찬탈이 가열찬 자리에서는 비일비재하게 등장한다. 사극을 보면 적절한 순간에 반드시 등장하는 표현이 있다. "아바마마, 이제 온양행궁으로 거동하시지요." 공손해 보이는 아들의 이 표현이 바로 거세다. 왕실의 요양소 역할을 했던 온양행궁으로 떠나라는 말은 이제 그만 권좌를 내려놓고 궁궐에서 나가라는 말과 같다. '동방예의지국'식 고상함으로 치장한 거세다.

이제 혁명의 주역인 크로노스의 특질을 살펴보자. 크로노스는 어떤 다른 신들보다 독자적인 개체로 태어나려는 열망이 강하다. 그리고 자기를 지키기 위해 단단한 '방어벽'을 쌓는 일이 절실하다.

크로노스 삶의 핵심 주제를 들자면 단연 부자 관계일 것이다. 여기엔 아버지 우라노스와의 관계뿐만 아니라 아버지가 된 크로노스 자신과 아들 사이의 관계도 포함되어 있다. 신화에서 태초의 아버지와 아들은 상호 경쟁하고 도전하며, 폭력을 사용해 자기 자리를 획득한다.

신화에서 크로노스는 언제나 살해자다. 태어나는 것 자체를 막으려 드는 아버지를 속여 폭력적으로 생명을 쟁취한다. 그런데 자신이 통치자가 되자 아버지의 운명을 답습하

지 않으려고 자식을 잡아먹는 아버지로 둔갑한다. 두려움 때문에 친부 살해가 일어나고, 두려움 때문에 친자 살해가 벌어진다. 위로도 아래로도 다 폭력적인 살해가 연루된 운명이다.

크로노스가 맞닥뜨린 위기는 말 그대로 '사느냐 죽느냐'의 문제다. 이처럼, 태초의 부자 관계는 제로섬 게임이었다. 둘 중 하나는 죽어야 한다. 그리고 승자가 통치자로 등극한다. 이 자리에 아버지와 아들 간의 근원적인 적대감이 노출된다.

옛것으로부터 새것이 태어나는 것이 자연의 순리다. 늙어 쇠락한 자리에 다시 젊음이 꽃피는 것도 이치다. 그런데 이 마땅한 순리가 지금의 세상에서는 잘 돌아가지 않는다. 세대 간 갈등이 어느 때보다 심각한 사회 문제로 대두되고 있다. '운명은 두려움이 있는 자리에서 형상화된다'는 말이 있다. 아버지와 아들 사이의 운명도 크로노스의 두려움이 빚어 냈다. 갈등의 기저에, 이 원형적 드라마가 어김없이 작동하나 보다.

변화는 구질서나 기존 세대에게는 도전이고 위협이다. 새로운 질서나 가치 확립을 추구하는 젊은 세대는 아버지가 구축한 체제에 반기를 드는 고통을 피해 갈 수 없다. 크로노스는 세대 간 전환에 연루되는 불가피한 폭력을 극적으로 보여 주는 존재다.

크로노스는 아버지 우라노스 세계의 미분화된 융합 상태를 자신의 대표적 상징인 낫으로 잘라 냈다. 친부 살해라는 절대 금기를 범한 그는 불경이나 부도덕이라는 양심의 무게를 피하지 못한다. 물론 기존 세대 또한 새로운 세대에게 모호한 죄책감을 느낀다는 점을 잊지 말자. 결국은 시간의 흐름에 굴복하는 게 당위이나, 구세대는 자기들이 진화라는 거대한 물결에 역행하고 있다는 느낌에서 자유로울 수가 없다. 구세대에게든 신세대에게든 혁명에 불가피하게 뒤따르는 이런 죄책감들이 바로 종교에서 말하는 '원죄'가 비롯되는 자리다.

죄에는 벌이 따르고, 벌은 손아귀에 힘을 쥐고 있는 자가 줄 수 있다. 바로 그 힘이 아들에게는 부정적인 아버지 모습으로 다가올 것이다. 한편 크로노스 입장에서는 아들 세대가 두렵다. 힘을 가진 크로노스는 변화나 전환을 사전에 방지하기 위해 자식을 잡아먹는 전략을 쓴다. 잡아먹히는 크로노스 자녀들의 운명이 보여 주듯, 기성 체제에서는 변형에 대한 욕구가 거듭 좌절된다. 확립된 역사나 이미 구축된 힘이 청년들의 새 출발이나 기회를 허용하지 않는 것이다.

그렇다면 청년들에게 눈을 돌려 보자. 거듭 아버지에게 먹힌 청년들은 어떤 모습일까? 우울로 떨어진다. 변화나 진보를 향한 발걸음은 언제나 막강한 크로노스라는 난공불락 장애물과 맞닥뜨린다. 발걸음은 가로막히고 의욕은 좌절된다. 이 상황이 반복되면 의욕이 생겨날 여지가 사라진다. 그 자리를 체념과 무기력과 우울이 채운다. 능력을 펼쳐 보지도 못하는 근원적 슬픔이 자리한다. 이어 청년은 탄식한다. "추구하는 힘은 달성되었고, 욕망하는 경험은 겪어 본 것들이고, 찾고자 하는 진실은 이미 밝혀져 있다!" 아버지 세계에 갇힌 리비도libido가 옴짝달싹하지 못 할 때 터지는 한탄이다.

곳곳에서 고령화 사회가 초래할 사회 경제적인 문제점들을 지적하고 있다. 이에 덧붙여 청년들이 겪는 내면의 우울, 그들 앞에 놓인 '잿빛 미래'는 더욱 심각한 문제라 생각된다. 기존 세대가 크로노스만큼 거대하고 강하게 버티는 세상에서 미래는 펼쳐지기 어렵다. 지속되는 절망은 욕망에조차 냉담하게 만든다. 더는 꿈꾸지 않는 '멜랑콜리melancholy한 세상'의 도래를 현재 우리 사회가 목격하고 있는 듯하다. 아버지는 거듭 아들을 잡아먹고 아들은 무관심, 무감각, 불충분감 속에 자신을 감금한다.

그러니 자녀 세대에게 크로노스는 압도적인 난관이자

반드시 통과해야만 하는 시험대다. 아버지를 죽여야 하는 오이디푸스의 가혹한 운명은 피할 수 없는 것이다. 상담실에서 이러지도 저러지도 못하고 신음하는 청년들을 자주 만난다. 이들은 물리적으로든 정서적으로든, 폭력적인 크로노스 아버지로부터 벗어나려는 열망으로 가득하다. 그와 동시에 아버지가 제공해 줄 수 있는 경제적 풍요를 잃게 될까봐 몹시 두려워한다. 요즘 청년들에게 '돈 모아 집 사기'는 불가능에 가깝다 보니, 어떻게든 아버지의 재산을 물려받아야 한다는 계산은 현실적으로도 보인다. 그렇지만 간섭과 통제는 싫다. 독재자 크로노스와 연약한 아들의 드라마, 이 시대 오이디푸스들의 아픈 자화상이다.

　　신화는 친부 살해가 필연적으로 통과해야 하는 관문이라 말한다. 이 상징적 죽음과 살해에 대해 제대로 이해하는 것이 우리 모두의 숙제다. 이 난제를 풀려면 아들의 용기도 아버지의 지혜도 절실하다. 이제 다시 크로노스 이야기로 돌아가, 혁명과 그 이후의 전개를 들여다 보자.

혁명가 크로노스는 왜 독재자가 되는가?

크로노스는 독재자 아버지를 거세하는 젊은 신이다.

영과 물질의 엄청난 거리로 인해 생긴 텅 빈 우주에 아버지 우라노스의 거세로 크로노스가 태어난다. 그리스어로 크로노스는 시간이라는 뜻이라, 이는 말 그대로 우주에 시간이라는 개념이 도래한 사건이다. 이 혁명은 사악한 아버지에 맞선 아들의 힘과 용기로 가능했고, 이로 인해 인간 의식 진화의 주요한 교두보가 만들어졌다.

그런데 아버지의 폭거에서 그토록 해방을 염원했던 크로노스는 혁명 후 왜 서둘러 독재자로 돌변할까? 크로노스는 아버지 우라노스를 그대로 답습하는가? 결국 독재자 크로노스의 세상은 집단의식만이 지배하던 이전 시대로 회귀한 결과인가? 물음이 꼬리를 문다.

역사는 새 세상을 열고자 혁신적 기치를 내세우며 혁명을 한 다음, 곧바로 독재자로 변한 인물들을 수없이 많이 기록하고 있다. 로마의 율리우스 카이사르, 프랑스의 나폴레옹 보나파르트, 독일의 아돌프 히틀러가 대표적이다. 현대의 피델 카스트로, 로버트 무가베, 블라디미르 푸틴 또한 이 드라마를 그대로 살아 냈다.

이들 중에는 자신들이 일으킨 혁명의 토대가 처음부터 개인적 야망, 즉 자아의 욕구 충족이었던 자들이 있었을 것이다. 아니면 동기는 순수하였으나 권좌에 오르자 본래의 동기를 망각한 채 권력에 도취해 버린 인물도 있을 것이다. 다수는 이 둘이 섞여 있어 어느 쪽인지 구별이 어렵다. 또한 저마다 처했던 상황이나 당대의 역사적 배경, 시대적 요청도 모두 다르기에 각 인물을 개별적으로 살펴보고 이해하는 과정이 필요하다. 다만 이들 내면의 구조를 살피면, 왜 크로노스처럼 혁명가가 독재자로 변모하는 역사가 되풀이되는지 짐작해 볼 수는 있다.

결론적으로 크로노스의 혁명은 반항에 가깝다. 거세는 유아기적 충동과 광기 어린 사고의 결과였을 것이다. 아들의 관심사는 집단이나 기존 질서에 대한 저항에만, 즉 아버지의 압제에서 벗어나는 데에만 쏠려 있었다. 그러니 크로노스의 등극은 유치하고 위협적인 아이가 세상에 등장한 것과 같다. 미숙한 자의 손아귀에 힘이 주어지면 이후 어떤 일이 벌어질지 쉽사리 예측이 가능하다. 물론, 크로노스도 애는 쓴다. 그러나 세상이 자기 마음먹은 대로 굴러가지를 않는다. 세상은 늘 갈등과 모순으로 가득하고, 수많은 주장과 이견이 난무하며, 평가는 신랄하다. 반항아 크로노스는 이렇게 복잡한 데다 자신을 환영하지 않는 세상을 감당할 준비가 되어 있지 않은 상태다. 자신을 향한 여러 도전들이 내면에 묻어 두었던 열등감, 무능감, 무의식적 죄책감을 자극할 것이다. 이럴 때, 보통 쉽게 택하곤 하는 '해결책'이 있다. 소위 신비주의나 예술, 각종 게임, 주술 같은 것들을 도피처로 삼는 일이다.

크로노스의 의식은 사춘기 정서와 매우 닮아 있다. 아버지에 대한 저항심, 아버지 세계에 대한 불만을 품고 전복을 시도했으나 여전히 아버지를 벗어나지 못한다. 심리학적으로 보면 오이디푸스 전 단계Pre-Oedipal에 사로잡혀 있는 상태다. 아버지를 거세하며 그를 넘어섰다고 생각하지만, 내재화된 아버지가 생생하게 살아 있다. 초자아, 즉 크로노스 내면에 '감시 카메라'처럼 장착된 아버지의 눈은 피할 길이 없다. 크로노스 내면에서 벌어지는 아버지의 압제는 실제 아버지인 우라노스보다 훨씬 더 위협적일 수 있다.

힘을 거머쥔 사춘기 소년이 힘을 사용하는 전형적인 방식은 '전능 통제omnipotent control'일 수 밖에 없다. 독재자는 '혼자 재단하는 자'라는 뜻이다. 세상과 타인을 완전히 통제할 수 있다고 믿으며 행동하는 독재자의 세상에, 이견이란 존재해서는 안 되는 것이다. 무엇보다 중요한 것은 오직 절대 군림이다. 목표는 오직 힘과 영향력의 행사이기 때문이다. 힘을 원하는 대로 마음껏 떨치는 그 순간만큼은 내면의 불안감을 떨쳐 내고 열등감을 보상받는 것처럼 느낀다. 이런 유형의 사람 내면에서는 의식 조작이 불가피하게 발생한다. 자신의 목표나 야망을 위해서, 세상의 흥미롭고 자발적이며 열정적인 아이디어들을 왜곡한다. 뿐만 아니라 진리, 정의, 자유, 아름다움과 같은 가치를 자신의 편의대로 생각하고 적용하려 든다.

자식을 잡아먹는 행위도 결국 자신을 살찌우려는 것이라, 독재자들의 크로노스적 행위들이 수렴하는 지점은 오로지 자아 강화ego building다. 물론 독재자들도 사회 안정을 꾀하고 경제 부흥을 원하며 대의를 논한다. 특권이나 명성이 부여하는 보상에도 신경을 쓴다. 하지만 크로노스 원형에 강하게 지배받는 자들은 내면의 두려움에 압도당해 발전과 변화를 향한 움직임에 늘 재갈을 물린다. 이들의 리비도는 감금된 상태이니, 변형의 잠재력 자체가 고갈된다. 이 상태의 반대급부로 힘에 대한 목마름이나 집착은 더욱 견고해진다. 자신의 힘을 공고히 하려 들면서도 힘의 그림자적 측면에 대해서는 완전히 무지하다.

이런 이들의 또 다른 특징은 인습을 강조한다는 것이다. 인습은 예로부터 내려오는 관습 중에서, 현재의 합리적 관점으로 볼 때 그 가치가 의심스럽거나 부정되는 것을 말한다. 인습은 충성과 명예가 부패하기 시작할 때부터 생겨난다고 한다. 앞서 말한 대로, 크로노스적 행위들을 한마디로 요약하면 자아 강화다. 이들의 관심은 오직 자신의 권위와 입지뿐이다. 모든 것의 원천인 무의식 세계와는 단절되어 있으니, 자연히 본능의 토대나 이성의 자원은 결핍될 수밖에 없다. 이렇게 내면이 빈곤해진 자들이 기댈 곳은 결국 겉으로 보이는 주류 문화나 세속적 가치뿐이다.

크로노스 유형을 이해하는 데 있어 결코 놓치면 안 되는 또 하나의 지점이 있다. 폭력으로 아버지를 거세한 크로노스는 이후 은밀하게 어머니와 연합한다는 점이다. 애초에 아버지 거세를 부탁한 것도 어머니 가이아였다. 크로노스 야망의 뿌리가 바로 어머니인 것이다. 구체적으로는 어머니의 남성성, 즉 아니무스animus다. 어머니한테 매달려 있는 '덜 자란 아이'가 혁명가에서 독재자로 변하는 것, 이렇게 한 극에서 다른 극으로 돌변하는 현상을 심층심리학에서는 그림자 이론Shadow theory으로 명료하게 설명한다.

어린이부터 지혜로운 현자까지, 한 남성이 성장 과정에서 자연스럽게 경험하는 폭넓은 스펙트럼이 크로노스적 인간에게는 존재할 여지가 없다. 이들의 뇌리에는 이것 아니면 저것뿐이다. 내면에 축적된 에너지가 없어서, 마치 시소처럼 한쪽에 무게가 쏠리면 반대쪽으로 금세 기울고 만다. 결국 '혁명가 크로노스'와 '독재자 크로노스'는 동전의 양면 같은 것이다.

처음에 크로노스는 아버지한테 먹힌 상태였고, 아버지의 압제에서 벗어나려는 열망으로 반기를 들었다. 그러나 곧 어머니한테 먹힌다. 아버지한테 먹힌 아들과 어머니한테 먹힌 아들의 심리는 차이를 드러낸다. 일반적으로 아버지에게 먹히면 멜랑콜리한 상태가 된다. 생명 에너지가 가이아(어머니) 속에 감금된 채 깊은 우울이 정신을 지배한다. 의식이 부재한 상태다. 이 상태에서는 사소한 결정조차 내리지 못하며, 만사가 무의미해진다. 더 가혹한 점은 자신이 처한 상태를 자각조차 하지 못 한다는 데에 있다.

반면, 어머니에게 먹힌 아들을 심리학적으로 표현하면 '무의식으로의 퇴행'이다. 지나치게 위협적인 아버지의 요구에 반하여 어머니의 존재는 하나의 피난처가 되어 줄 수 있다. 어머니 아래에서 어느 정도 위안이나 보호가 제공되는 듯하지만, 그 자리는 사실 가짜 피난처다. 어머니는 아들을 완전히 묶어 둘 수 있기 때문이다. 방공호가 아니라 탈출할 길 없는 감옥인 것이다.

크로노스는 아버지를 거세해서 영spirit의 새 시대를 열었다. 이후 어머니라는 물질과 연합해 자기가 취한 것들을 확고하게 만들려 했다. 크로노스적 영웅의 특징은 '영의 독재'와 '물질적 공고화'로 정리될 것이다. 앞서 크로노스 시대의 도래를 의식의 진일보라 했다. 그런데 젊은 크로노스가 결국 독재자로 변해 버리고는 자식들을 잡아먹으니, 이는 의식 발달의 흐름상 우리에게 새로운 과제를 안긴다. 크로노스처럼 한편에서 다른 편으로 전복하는 것은 변화가 아니라 그저 도돌이표, 쳇바퀴 돌리기일 뿐이다.

인류 첫 세대 아버지 원형들인 우라노스와 크로노스는 원시적이고 잔혹한 아버지다. 이 원형들은 아버지의 일부로서 일상에 엄연히 실재한다. 그러나 우리는 아버지의 이런 어두운 면을 애써 부인하려는 경향이 있다. 아버지의 본질적인 부분 중 하나로서가 아니라 일탈하는 미성숙한 아버지의 모습으로 간주해 버린다. 그런데 이런 부정적인 아버지 이미지에 관해 도전적인 견해를 제시하는 학자가 있다. 스위스의 카를 융 분석가인 아돌프 구겐빌 크레이그Adolf Guggenbühl-Craig는 그리스 신화가 이상적인 아버지 모습뿐 아니라 자식 잡아먹는 아버지 이미지까지 드러내기에 인간 의식 발달에 중요하게 기여한다고 강조한다. 그의 통찰을 숙고해 보기로 하자. 잔혹한 아버지 이미지는 과연 우리에게 유용하거나 필요한 것일까?

건강한 성장에는
파괴적 아버지도 필요하다

융 심리학에서 말하는 '그림자Shadow'는 그 내용이 무엇이든 우리가 의식하지 못하는 것들이다. 의식에서 거부된 내용들 또는 애초에 의식 가까이 진입한 적이 없는 내용들의 집합체다. 그림자 이론을 확립한 카를 융 박사는 '그림자 속에 구원의 열쇠가 있다'고 했다. 우라노스와 크로노스가 드러내는 자식 잡아먹는 아버지 이미지는 인류의 그림자라 할 수 있다. 그렇다면 자식 잡아먹는 부정적인 아버지 이미지에서 길어 낼 수 있는 구원의 메시지가 있을까? 있다면 무엇일까?

첫 세대 아버지들, 우라노스-크로노스-제우스 삼대는 모두 친자 살해자들이다. 우라노스는 자식들을 가이아에 묻어 생명 탄생을 가로막았고, 크로노스는 말 그대로 자식을 잡아먹었다. 제우스는 아테나를 임신한 아내 메티스를 삼킨다. 이 중에서 특히 크로노스 이미지에 많은 예술가들이 주목하

✳ 프란시스코 고야의 〈자식을 잡아먹는 사투르누스〉. 사
투르누스는 로마 신화 속 시간의 신으로, 그리스 신화
의 크로노스에 해당한다. 마드리드 프라도미술관 소장.

아버지 없는 세상의 아들들 ✦ 제우스

며 다양한 예술 작품들을 탄생시켰다. 예술가는 인간의 파괴 본능이나 광기를 깊이 만나는 존재들인지라, 크로노스 같은 불편한 이미지를 작품으로 만들어 어떻게든 인간의 마음에 가닿게 하려 했으리라.

심리학적 논법으로 절대적 부정은 강한 긍정과 등가다. 친자 살해 욕구가 인간 본성에 존재해서는 안 된다는 도덕적 '신념'이, 친자 살해라는 비극적 드라마가 역사적으로 반복되게 한 동인이었을 것이다. 인간은 무의식을 외면할수록 무의식의 힘에 강하게 지배당하기 때문이다. 역사 속에서 친자 살해는 허다하다. 내세우는 이유가 각기 다를 뿐이다. 조국을 위해서, 왕권을 보호하려고, 가문의 명예를 지키려, 원치 않는 아이라, 복수심으로, 성별 때문에… 공통점이 있다면, 이들 이유 모두가 결국 아버지의 명예를 지키고 아버지가 구축한 체제를 수호하기 위함이라는 것이다.

다시 말하지만, 친자 살해는 역사 속에서 실제로 행해졌다. 다만 우리는 이 장에서 자식 잡아먹는 아버지를 하나의 은유로서 바라보고 있다는 사실을 기억하자. 언제나 눈에 보이는 피상적인 사실보다 상징과 은유가 훨씬 더 풍부하고 깊은 의미를 잉태하고 있는 법이다.

우라노스와 크로노스는 티탄 신족Titan이다. 티탄은 제우스처럼 완전히 의인화되기 이전의 신으로 고태적 힘, 압도적으로 거친 원시적 힘을 나타낸다. 그리고 원형들이란 언제나 양가적인 특질을 지닌다. 아버지 원형도 예외일 리 없다.

　　아버지는 사랑으로 자녀를 보호하고 교육하며 삶의 길라잡이가 되어 주는 존재다. 동시에 아버지는 화를 내고 때려 부수고 유기하고 살해도 한다. 우리들 아버지의 모습을 떠올려 보자. 애정을 가지고 자녀를 대하면서도, 동시에 위협적일 때도 있고 파괴적으로 돌변하기도 한다. 본인의 상처를 감당하지 못해 폭력이 일상이 된 아버지는 주변에 많다. 그런데 이런 아버지가 아니라 하더라도 밤새 잠 안 자고 우는 아기, 인내심의 한계를 시험케 하는 사춘기 자녀, 반항과 일탈의 끝을 달리는 아이 앞에서 아버지는 때때로 자기 안의 괴물을 만나게 된다. 이런 원시적이고 파괴적인 감정이 바로 우리 내면의 그림자다.

　　앞서 말했듯 인류는 부정적이고 파괴적인 아버지 이미지를 오랫동안 그림자 속으로 묻어 버렸다. 그래서 막상 자기 안에서 이를 맞닥뜨리면 어찌할 바를 모른다. 내 안에 존재해서는 안 되는 모습이라고 생각해 죄책감도 상당하다. 당황함을 넘어, 그런 자신을 수치스럽게 여긴다. 긍정과 부정이라는 두 대극 사이에서 균형을 잡지 못하고 어정쩡하게 행동하는 아버지는 지금 시대 아버지의 자화상이다.

　　특히, 심리학자들은 파괴적인 아버지의 모습을 미성숙의 신호로 해석하는 경향이 강하다. 덧붙여 발달 초기에 있는 자녀들에게 그런 아버지의 모습이 치명적인 트라우마가 된다는 점도 강조한다. 하지만 이런 설명은 자녀의 입장도 애매하게 만든다.

자녀는 아버지의 한쪽 면을 다른 쪽 면보다 훨씬 우세하게 경험한다고 한다. 실제로 내 수업에서 학생들에게 '각자 경험한 아버지의 모습'을 묻자 이 사실을 금세 확인할 수 있었다. 학생 다수가 권위주의, 폭력, 바람, 경제적 무능, 유기, 냉담 같은 부정적인 아버지 이미지를 말한다. 소수는 반대로 아버지를 이상화한다. 친구 같고, 무조건 자신을 지지해 주고 보살펴 주는 다정한 아빠의 모습을 그려 낸다. 실제 아버지는 어느 한쪽 모습으로만 완전히 치우쳐 있지는 않을 텐데도 우리 기억 속의 아버지 이미지는 매우 편향적이다. 우세한 한쪽 면에 속하지 않는 다른 쪽은 그저 그림자로 묻혀 있을 뿐이다.

앞서 언급했듯이, 누구나 아버지를 말할 때 자신의 아버지를 떠올리며 아버지와의 실제 경험을 바탕으로 이야기한다고 생각하지만 사실은 그렇지 않다. '마땅히 이래야 하는 아버지'는 자신이 경험한 아버지와는 대체로 간극이 크다. 아버지는 응당 든든한 울타리로 자녀를 안전하게 보살펴 주고, 독립적으로 세상에 나아갈 힘을 길러 주는 친절한 인생의 안내자여야만 한다. 누구도 이런 관념으로부터 자유롭지 못하다. 아버지를 이상화하는 사람이든 악마시하는 사람이든 예외 없이 이 당위로부터 출발한다. 그렇다 보니 파괴적인 아버지는 마치 인간 본성에 어긋나는 존재인 듯 여기게 된다. 아돌프 구겐뷜 크레이그는 아버지에 대한 이런 편향된 이미지가 자녀의 의식 발달에 크나큰 손실이라 역설한다.

그렇다면 긍정적 아버지상, 즉 이상화한 아버지 이미지를 품고 사는 자녀들은 어떨까? 이들은 자신에게 친숙하지 않은 아버지 원형을 만나면 그 파괴적인 힘을 필연적으로 바깥세상에 투사하게 된다. 조금이라도 권위적이거나 통제적으로 느껴지는 사회적 아버지를 만나면 존재론적 불안을 느낀다. 그 대상이 직장 상사든 성직자든 스승이든 정치 지도자든 상관없다. 게다가 이런 자녀들은 아버지 권위자의 부정적인 면을 다루는 법을 배운 적이 없다. 그러니 조금이라도 권위주의적, 파괴적 모습이 보이면 비인간적인 짐승이나 잔인한 살인마로 여겨 버리기까지 하는 강력한 투사가 일어난다. 물론, 격한 과장이다. 그런데 이 내면 드라마는 의식적인 선택으로 벌어지는 게 아니다. 부정적인 아버지 이미지에 대한 면역이 없기에 저절로 이렇게 되는 것이다.

주류의 편향된 아버지 신화 반대편에 있는 아버지 이미지의 나머지 반쪽은 우리의 무의식 안으로 들어가 있다. 아무리 부정적 아버지 이미지를 부정한다고 해도 우리는 그 영향으로부터 자유로울 수 없다. 그러니 부정적이고 파괴적인 아버지 이미지 또한, 사랑으로 지키고 돌봐 주는 믿음직한 아버지 이미지만큼이나 근본적이라는 아돌프 구겐빌 크레이그의 도전적인 시각은 숙고할 가치가 있어 보인다.

원형에는 긍정-부정, 창조-파괴, 밝음-어두움 양면이

모두 존재한다. 제임스 힐먼은 이미지가 없으면 길을 잃는다고 했다. 태초의 아버지 우라노스와 크로노스가 드러내는 사악하고 어두운 아버지 이미지는 아버지라면 마땅히 자애로워야 하고 자녀를 지켜 주어야 하며 자녀에게 무조건 이로운 존재여야 한다는 현대인의 신화가 잃어버린 반쪽이다. 자녀에게 아버지의 영향력은 지대하다. 그런데 이런 편향된 신화는 우리를 현실성 없는 이상에 매달리게 하며 거듭 좌절하게 만든다. 자녀가 자기 아버지와 이해를 바탕으로 한 친밀한 관계를 유지하기 위해서도, 아버지가 성숙한 아버지가 되기 위해서도 온전한 아버지 이미지가 반드시 필요하다. 융 분석가인 매리언 우드먼Marion Woodman은 어머니의 어두운 측면을 통합하는 것이 현 인류에게 주어진 가장 중요한 진화사적 과업이라 했는데, 아버지의 어두운 면을 통합하는 일 또한 이에 버금가는 중요한 숙제로 보인다.

지금까지 올림포스의 아버지 원형인 제우스를 탐색하기 위해 그 뿌리를 살펴보았다. 분명 제우스도 조상들로부터 물려받은 아버지 이미지를 드러낸다. 이와 함께 제우스에게서는 앞선 두 아버지와는 다른, 아버지 이미지의 진화라 할 수 있는 '제우스다움'도 발견할 수 있다. 특히 크로노스의 미완성 드라마인 혁명가에서 독재자로의 돌변, 즉 그림자 통합 실패라는 과업을 제우스는 어떻게 이어받아 어느 정도 발전시켰는지에 초점을 맞추어, 이제 신세대 아버지인 제우스를 본격적으로 만나 보자.

군림하지 않는
새 시대의 통치자

티탄족 세력과, 레아와 크로노스의 자식들이 연합한 세력 간에 벌어진 지독한 전쟁이 십 년간 지속된다. 늙은 신들인 티탄들은 오트리스산 정상에, 젊은 신들인 제우스의 형제들은 올림포스산 정상에 진을 치고 전투를 벌인다. 어느 쪽도 전쟁을 끝낼 결정적인 방법이 없는 상황이다. 이때 가이아가 젊은 신들에게 비밀을 말해 준다. 지하 감옥 타르타로스에 백 개의 팔과 오십 개의 머리가 달린 거인 헤카톤케이레스 삼형제가 갇혀 있다는 것이었다. 이를 알게 된 젊은 신들은 삼형제인 브리아레오스와 코토스, 기에스를 끌어낸 뒤 신들의 음료인 넥타르와 신들의 음식인 암브로시아를 먹여 힘을 길러 준다. 그런 다음 제우스는 감사의 표시로 티탄과의 전투에 개입할 것을 삼 형제에게 요청한다. 이 동맹으로 젊은 신들은 삼백 개의 손을 얻었고, 한 번에 삼백 개의 돌을 던져 티탄들을 제압한 뒤 이들을 타르타로스에 감금한다. 티탄과의 전투를 승리로 이끈 제우스는 올림포스의 통치자가 된다.

이로써 티탄의 시대가 막을 내리고 새 시대가 열렸다.

＊ 프랑스의 화가 도미니크 앵그르의 〈제우스와 테티스〉.
가운데가 제우스, 그의 왼쪽 옆에서 애원하는 듯한 여
성은 아킬레우스의 어머니인 테티스다. 제우스의 거
대한 신체와 정면을 응시하는 시선은 그의 신성한 위
엄을 잘 보여 준다. 엑상프로방스 그라네미술관 소장.

거대한 자연의 힘이나 원시적 에너지에 가까운 우라노스, 크로
노스에 비해 제우스는 훨씬 의인화된 신이다. 그만큼 인간들도
이전에 비해 신을 훨씬 친숙하게 느꼈다. 그렇다고 신과 인간
사이의 넘을 수 없는 벽이 사라진 건 아니다. 제우스 시대에도
그리스 최고의 불경죄는 여전히 신성 모독hubris이었다.

제우스는 올림포스의 신들, 인간들의 아버지이자 다신
세계의 통치자다. 제우스 시대가 전 시대와 확연히 다른 점은
올림포스가 저마다 고유한 힘을 지닌 여러 신들이 공존하는
세계라는 점이다. 제우스와 함께 다양성과 복잡성을 존중하
는 세상이 도래한 것이다. 제우스 자체도 복잡하고 다면적인
신이다. 자신에게 존재하지 않는 것을 바깥세상에 허용할 수
없는 것이 이치이니, 제우스의 내면과 올림포스의 다채로움
은 맥을 같이 할 것이다.

제우스의 여러 면모 중에서도 '올림포스의 통치자'라는
지위가 제우스를 대표하는 정체성일 것이다. 내면의 두려움에
지배당했던 우라노스와 크로노스에 비해 제우스는 훨씬 유연
한 사고의 소유자다. 제우스도 거세에 대한 두려움을 드러내
기는 하지만 자식이 빛을 못 보게 하거나 자식을 잡아먹지는
않는다. 오히려, 제우스는 헤아릴 수 없이 많은 자녀의 아버지
다. 결과적으로 제우스 체제 아래에서 올림포스의 다양성이
꽃을 피운다. 이를 내면세계에 대한 은유로 이해해 보자.

올림포스는 여신 여섯과 남신 여섯이라는 다양한 여

성성과 남성성이 분화된 상태로 존재하는 곳, 즉 여러 독특한 힘들이 분화되어 존재하는 곳이다. 신들은 올림포스에서 서로 갈등하고 충돌하고 또 연합하며 공존한다. 이런 올림포스를 심리학적 은유로 이해하고 우리 내면에 비추어 보면, 모순이나 대극을 견디는 역량이 강화된 상태를 의미한다. 내면의 올림포스에서는 자연히 복잡다단함을 존중한다. 그야말로 정신세계에 괄목할 만한 도약이 일어난 것이다.

제우스가 지닌 복잡성과 다면성을 모두가 똑같이 온전하게 만나기는 쉽지 않다. 각자 자신의 렌즈를 통해 제우스를 바라볼 수밖에 없기 때문이다. 나는 개인적으로, 제우스 이미지를 통해 남성성의 새로운 가능성을 상상해 보곤 한다. 통치하고 지배하는 제우스는 아버지 가부장을 대변하는 신이다. 하지만 익숙한 가부장 이미지와는 확연한 차별성을 보인다. 앞서 티탄과의 전쟁에서도 그랬듯 제우스는 가이아를 비롯한 형제자매들의 조력을 통해 권력을 잡을 수 있었다. 이후에도 가이아의 딸들이나 손녀들과 혼인하거나 동맹을 맺으며 그들로부터 도움을 받는다. 제우스는 여성성 에너지에 에워싸인 신이다.

제우스는 바람기로도 유명한 신이다. 이름이 알려진 자녀 수만 115명이라고 한다. 그런데 이는 제우스의 성적 왕성함 이상의 의미를 지닌다. 제우스는 상대적으로 그리스 땅에 늦게 당도했다. 기존 그리스 여신들이나 여인들과 혼인 또는 동맹을 맺으며 그리스 전역으로 세를 확장해 나갈 수 있었다. 이 이미지는 남성 내면에 존재하는 여성성, 아니마Anima를 통합하는 전략이라 할 수 있다. 이 과정에서 폭력이나 강압, 속임수를 쓰기도 한다. 그럼에도 아내 헤라와의 관계나 올림 포스 다른 여신들과의 관계를 들여다보면, 제우스가 관계를 유지하는 방식이 '군림'이 아니라는 점을 뚜렷이 알 수 있다. 결론적으로 말하면, 제우스는 여성성을 존중하는 신이다. 게 다가 여성성을 안전하게 느낀다. 자신의 취약성을 드러내는 일도 불편해하지 않는다. 물론 제우스 이미지에 대한 호불호 나 다양한 시각이 있을 수 있다. 그러나 앞선 세대의 두 아버 지에 비해, 여성성이 제우스적 사고에 있어 중요한 부분임을 부인할 수는 없다. 제우스는 분명 익숙한 여성성과 남성성의 틀을 넘어선 존재다.

　　제우스는 다른 신들에 비해 생애사가 뚜렷하게 드러나 지 않는 신이기도 하다. 호메로스는 제우스의 어린 시절 등에 대한 특별한 묘사 없이, 제우스를 처음부터 '통치하는 제우스' 또는 '신들과 인간들의 아버지'로 그린다. 또한 제우스는 조물 주가 아니다. 제우스가 태어났을 때 이미 세상은 창조되어 있었 다, 그러니 통치자 제우스의 관심사는 창조된 세상의 질서 유지 에 있다. 그렇다면 제우스가 추구하는 질서란 과연 무엇일까?

신성한 아이,
제우스

레아와 크로노스 사이에서 막내인 아기 제우스가 태어난다. 여신 헤라는 크로노스의 눈을 피해 아기를 멀리 보내라고 어머니 레아에게 조언한다. 레아는 아기를 보여달라는 크로노스에게 아기 대신 강보에 싼 돌을 건넨다. 감쪽같이 속은 크로노스는 그를 받자마자 삼켜 버린다. 뒤늦게 자신이 속았다는 사실을 알게 된 크로노스는 아기를 찾기 위해 지상에 있는 구멍이란 구멍을 전부 샅샅이 뒤진다. 그사이 헤라는 아기를 크레타섬으로 데려가 유모 아말테이아에게 맡기고 그 존재를 아무도 모르도록 숨겨서 키우게 한다. 유모는 하늘과 땅과 바다 그 어디서도 아기가 발견되지 못하도록 요람을 나뭇가지에 매달아 두고, 아기 울음소리가 들리지 않도록 요람 주위에서 북을 두드리고 춤을 춘다.

제우스 신앙은 본래 그리스 태생이 아니다. 제우스는 기원전 1300년경 아카디아인Arcadian들과 함께 그리스에 당도했다. 그런데도 얼마 지나지 않아 제우스는 그리스의 모든 종족으로부터 숭배를 받았고, '제우스 판헬레니오스Zeus Panhellenios(모든 그리스인의 제우스)'로 등극했다. 제우스를 신 중의 신으로 숭배하는 제우스의 이 별칭이 고전 시대 그리스를 대표한다고 해도 지나친 과장이 아니다.

신화학자 카롤리 케레니^{Károly Kerényi}는 "그리스 종교의 시작은 제우스라는 이름에서부터"라고 했다. 제우스는 '빛나는 하늘'이라는 인도-유럽어족 공통의 하늘신을 뜻하는 조어에서 유래된 이름인데, 그리스어로 신을 뜻하는 '테오스^{theos}'와 본질적으로 맞닿아 있다. 또한 고대 그리스에서 테오스는 그 자체로 '신 체험' 혹은 '신의 공현^{epiphany}'을 의미하기도 한다. 신이 현현하는 순간, 인간은 일상적 시간과는 다른 전혀 다른 질의 새로운 시간을 경험한다. 객관적이고, 선형으로 흐르는 시간을 뜻하는 크로노스^{Chronos}와는 상반된 시간 개념이다.

또한 테오스는 우라노스로 대표되는 불변, 즉 정체 상태와도 완전히 다른 개념이다. 고대 그리스인들에게 '제우스!'라는 탄성은 '신이 이 자리에'를 뜻한다. 탄성을 자아내는 순간이 곧 '신령한 때'인 것이다. 제우스의 상징인 천둥, 번개를 연상해 보면 테오스의 의미가 더욱 잘 와닿는다. 하늘에서 내리치는 천둥과 번개는 언제나 오싹한 경이로움을 불러일으킨다. 누구에게나 이런 놀라운 번뜩임의 순간이 있다. 불현듯 새로운 통찰이 머릿속을 스칠 때, 오라클을 체험할 때, '유레카!'를 외치게 하는 계시의 순간을 경험할 때 우리는 전율한다.

처음에 제우스는 산신의 개념과도 맞닿아 있었다. 특히 번개나 운석이 때린 자리나 산꼭대기를 뜻했는데, 자연히 제우스 신전들은 대부분 산에 있다. 그리스 영토의 80퍼센트가 산악 지대임을 고려할 때 최고 통치자가 산신이라는 점은 자연스러워 보인다. 산신 제우스는 점차 올림포스산과 동일한 이미지로 발전한다. 그런데, 고대 그리스인에게 '올림포스'는 그리스 북부에 있는 특정 산을 지칭하는 개념이 아니다. 세상에서 가장 높은 산, 즉 태산을 의미했다. 최고의 준봉을 제우스 신으로 간주했던 것이다.

제우스 신이 그리스에 처음 도래한 지역은 도도나Dodona다. 신화에서는 제우스 신이 디오네 여신과 함께 도도나로 온 후, 자신을 위해 신탁소를 주재하도록 디오네를 남겨 두었다고 묘사한다. 도도나에서는 제우스를 디오네 여신의 남편이라 여겼다. 즉 디오네를 제우스 신의 여성격이라 볼 수 있을 것이다. 이 신화의 행간을 읽어 보기로 하자.

일단, 도도나에는 원래부터 존재하던 신탁의 여신 디오네가 있었고 제우스가 도도나에 당도하여 혼인으로 디오네와 결속했다는 해석이 개연성이 있어 보인다. 본래 도도나 신탁은 오랜 역사를 지니고 있다. 여사제가 관장하는 것으로도 유명했는데, 신탁을 듣는 방법은 고대 여신 전통에서 널리 행해졌던 '신탁 부화oracle incubation(신성한 장소에서 잠을 자며 꿈을 통해 신의 계시나 치유를 얻고자 했던 의식)' '꿈 신탁dream oracle' 같은 의례를 통해서였다. 도도나의 사제들은 맨발로 살며 떡갈나무의 잎이 바스락거리는 소리나 비둘기의 날갯짓 등 자연의 여러 징조를 신의 메시지로 해석했다고 전해진다.

제우스와 디오네의 결합이 뜻하는 바를 제우스 입장

에서 본다면 무의식 깊이에 기반한 어머니 대지, 자연의 힘을 자기 힘의 토대로 삼는 것일 터이다. 제우스의 이런 선택이 크로노스와 대비되는 지점인데, 크로노스는 자아ego의 세계에 갇혀 모든 것을 협소한 '나'의 문제로 한정한다. 따라서 크로노스는 무의식 세계와 완전히 차단된 신이다. 반면 제우스는 땅의 힘을 자신의 의식으로 통합한다.

일반적으로 널리 알려진 제우스의 출생지는 크레타섬이다. 신화에 따르면 제우스는 크레타 동굴에서 염소젖을 먹고 자랐고, 주변에서는 왁자지껄한 연주와 춤판이 벌어졌다고 한다. 그야말로 굿판 같은 것이리라. 크레타의 제우스는 훨씬 날것의 이미지로, 호메로스가 묘사하는 올림포스의 제우스와는 뚜렷한 차이를 보인다. 황홀경ecstasy 같은 초기 종교의 주요 특질들이 제우스 숭배의 핵심 요소였다. 디오니소스적 특질의 뉘앙스가 강하게 느껴진다. 크레타인의 제우스는 자연신이며 야성적인 이미지가 강한 반면 호메로스 이후로 이런 이미지는 퇴색된다.

신화는 거듭 제우스 힘의 근원이 여인이나 여신들에 있다는 점을 강조한다. 탄생 시에는 어머니 레아와 할머니 가이아가 태아를 구한다. 양육은 님프들이 한다. 아버지 뱃속에 있는 형제자매들을 구할 때도 아내 메티스의 도움이 있었다. 올림포스의 통치자로 올라서는 데 직접적인 계기가 되었던 티탄 신족과의 전쟁 또한 여성 티탄인 레아와 가이아의 도움이 없었다면 승리를 장담할 수 없었다. 제우스가 새 세상을 건설해 가는 과정에도 질서의 여신인 테미스Themis와 그의 딸인 정의의 여신 디케Dike의 조력이 있었다. 제우스는 그리스 곳곳에서 기존에 힘을 지녔던 여신이나 여인들을 어머니, 오누이, 아내, 애인, 딸로 삼아 가족으로 만든다. 기존 남신들도 흡수 및 통합하는데, 마찬가지로 이들을 아버지, 형제, 아들로 삼으며 그리스 종교 체계가 구축된다.

제우스는 천상의 신이지만 고대 여신들을 계승해 땅과 무의식과 본능의 세계에 굳건히 뿌리를 내린다. 앞 세대 아버지 신들과는 달리 여신들과 밀접하게 연관되어 있다. 이제 제우스 탐색의 렌즈를 여신과의 관계에 맞추어 관찰하며, 제우스 신이 가진 여성성의 특질을 살펴보자.

고대 여신들의 계승자 제우스

올림포스 모든 신들이 그러하듯, 고고학 유물을 통해 만나는 제우스와 신화로 읽는 제우스는 확연한 차이를 보인다. 신화에 묘사된 제우스, 특히 호메로스 이후의 제우스는 지배하고 군림하는 가부장 이미지가 강하다. 반면 신전 건축물에서 만나는 제우스는 기존 세력과 화해하며 전통을 계승하는 이미지로 드러난다. 모계와 부계, 여신과 남신, 고대의 신과 새로운 신이 화해를 이루어 내는 모습인데, 올림피아 제우스 신전에서 이런 면모들을 찾아볼 수 있다.

올림피아 유적지의 제우스 신전을 가려면 먼저 헤라 신전을 거쳐야 한다. 지근거리에 있는 제우스 신전보다 백여 년 이상 빨리 축조된 헤라 신전은 절제된 위엄을 뽐낸다. 그런데 가이아 신앙을 몰아내고 들어선 델포이의 아폴론 신전과는 달리, 올림피아 헤라 신전과 제우스 신전은 결코 적대적인 관계가 아니었다(아폴론 신전에 관한 이야기는 이후 3장에서 자세히 펼칠 것이다). 전문 연구자들은 그리스 신화 연구에서 신들의 이름이야말로 가장 본질적인 단서를 품고 있는 자료라 여긴다. 그만큼 이름은 그 신에 얽힌 역사적, 신화적 맥락을 파악하는 데 무척 중요하다. 그런데 제우스의 또 다른 별칭 중 하나는 '제우스 헤라이오스 Zeus Heraios(헤라의 아들 제우스)'다. 이 이름은 본래 헤라 여신이 관장하던 자리에 젊은 신 제우스가 당도하며 힘의 역학이 변모해 간 흔적을 고스란히 보여 주는 이름으로 읽힌다. 올림피아뿐 아니라 앞서 언급한 도도나나 다른 유적지도 마찬가지인데, 그리스 전역에 있는 제우스의 성소들은 본래 고대 여신들의 신성한 자리였다.

인류 화합을 상징하는 올림픽 제전 또한 여신의 자취를 간직하고 있다. 올림픽은 그리스 여섯 부족들이 길쌈하여 지은 옷을 헤라 여신에게 헌정하며 부족 간의 결속을 다지던 의례로부터 비롯되었다. 현대 올림픽 성화를 채화하는 자리가 바로 헤라 신전이라는 것은 마땅해 보인다. 기원전 590년경에 축조된, 올림피아에서 가장 오래된 신전인 헤라 신전은 현재 기둥과 기단 일부만 남아 있다. 그래도 헤라 여신의 영광과 힘이 고스란히 느껴질 정도로는 보존되어 있다.

신화가 보여 주는 제우스와 다른 여신과의 관계도 살펴보자. 앞서 제우스는 여신들, 또는 여신과 같은 존재들과 편한 관계를 맺고 있다고 했다. 어머니 레아와 할머니 가이아, 딸 아테나에게 의존하는 제우스다. 테티스를 비롯해 테미스, 셀레네, 아프로디테, 데메테르 등 다른 무수한 여신들과도 친밀하다. 제우스는 태어나는 순간부터 여신들의 특별한 보호와 돌봄을 받았고 이후에도 여신들의 조력이 지속된다. 이 중에서도 딸 아테나와의 관계는 특별하다.

제우스는 아들들과는 아테나만큼 가까운 관계가 아니었다. 제우스는 아테나의 용기와 지혜를 자랑스러워한 아버지였다. 신중하고 지략이 뛰어난 아테나가 뭇 영웅들을 도와주는 데에 자부심을 느꼈고, 제우스를 잇는 올림포스의 2인자 자리는 흔들림 없이 늘 아테나의 것이었다. 아들들에게는 아테나를 대하듯 부드럽고 자애로운 모습을 보이지 않았다.

그런데 흥미롭게도, 동등한 위치에 있는 여신들과의 관계는 어머니 세대나 딸 세대 여신과 비교하면 다소 서툴러 보인다. 지치지 않는 성적 욕망 때문에 변장을 한 채 여신들을 유혹하기도 하고, 심지어 강간까지 하는 제우스의 이미지는 신화에서 반복적으로 묘사된다. 앞서 이는 단순한 바람기의 발현이라기보다 여신 또는 여성들과 관계를 맺음으로써 자신의 영역을 확장하기 위해 제우스가 취한 방편이라고 했다. 섹스의 이면에는 늘 권력 갈등이 존재한다. 헤라와의 혼인 관계에서 특히 이런 면이 두드러진다. 제우스가 유일하게 오랫동안 관계를 지속한 여신이 바로 헤라다. 둘의 혼인 관계에는 열정이나 에로스, 혹은 가정이 주는 안락함보다는 힘의 투쟁이 그 중심에 있다. 둘 사이를 묘사하는 신화 이미지는 긴장, 갈등, 배신, 질투, 비난으로 점철되어 있다. 다만 일생을 치열하게 싸운 덕인지 나중에는 결국 조화로운 화해에 이르며, 자신의 진정한 파트너가 그 누구도 아닌 서로임을 확인한다.

제우스는 자신이 얼마나 여성과 여신에게 의존했는지를 충분히 인식하고 있다. 그래서인지 돌봄을 받거나 돌봐야 하는 위치에 있는 여신이 아니라 헤라처럼 자신과 동등한 힘을 지닌 여신들에게는 다소 미성숙한 모습을 드러내는 게 사실이다. 종종 강압적이거나 폭력적인 모습도 보인다. 하지만 그럼에도 제우스는 남신의 '전형적인 유형'에 속하지는 않는다.

제우스는 인간과 신들의 통치자이지만 자연과 사람과 여성을 지배하고 그 위에 군림하는 신은 아니다. 다른 신들을 파괴하지도 않는다. 다름을 수용하고 다양성을 존중하는 다신 세계의 신 제우스는 훨씬 더 복잡한 남성성을 체현하는 존재다.

또 하나 주목할 만한 점은, 제우스는 강한 여신들을 두려워하는 것처럼 보이지는 않는다는 점이다. 강한 어머니 여신들, 힘 있고 전략적인 딸들에 대한 방어적인 모습이 드러나지 않는다. 그렇기에 여성성으로 여겨지는 에너지에 자신을 편히 열어 보일 수 있는 것이다. 개인적으로도 제우스를 건강하고 온전한 아버지 모델로 간주하는 데 분명 편치 않은 지점이 있다. 제우스가 여신들의 힘을 침해하고 강탈하여 자기 것으로 만들며 세를 넓혔다는 점을 부인할 수는 없기 때문이다. 그렇지만 동시에, 제우스는 가부장제 너머에 있는 온전한 남성성의 특질들을 발견하고 상상하도록 이끈다. 관습적으로 고착된 남성에 대한 고정관념이나 남성성에 대한 익숙한 개념을 넘어서야 비로소 복잡하고 심오한 제우스 신을 진정으로 만날 수 있을 것이다.

제우스로
새로운 아버지 상상하기

제우스는 전복당하지 않은 신이다. 우라노스, 크로노스와의 커다란 차이점이다. 이 사실은 제우스가 자신의 아버지나 할아버지와는 다른 종류의 힘을 체현하고 있다는 점을 암시한다. 아테나의 어머니인 메티스와의 관계나 아킬레우스의 어머니 테티스와의 관계에서 드러나듯 제우스에게도 자녀 세대에게 전복당하는 두려움이 없었던 것은 아니지만, 제우스는 이전 세대 아버지들처럼 자녀를 감금하거나 죽이지 않았다. 신과 인간의 아버지라 불리지만 제우스는 소위 '남성성 과잉'의 이미지는 아닌 것이다. 제우스는 티탄 같은 괴력의 소유자도 아닐뿐더러 신체적 우월을 과시하는 모습도 보이지 않는다. 제우스는 여신들의 조력으로 티탄과의 전투를 승리로 이끌기는 했지만, 지난한 트로이 전쟁 동안에는 전투 현장에서 늘 일정 거리를 유지하려 든다. 제우스는 전쟁의 신이 아니다. 승리 자체가 아니라 평화를 위한 권위나 법질서 구축에 역점을 두는 신이다. 앞서 언급했듯이 공동체의 질서와 조화가 바로 제우스가 추구하는 가치다.

조각상에도 이런 점이 여실히 드러나는데, 제우스 조각상은 강한 상체와 숱이 많은 덥수룩한 턱수염을 지니고 있어 남성적인 힘을 물씬 풍긴다. 그런데 이마에는 깊은 주름이 파여 있다. 아마 예술가들은 제우스의 강인함을 위시한 남성성보다 그의 성찰하는 면모를 포착해 부각한 듯하다. 많은 익숙한 영웅 전승에서, 영웅은 힘의 우위를 입증하고 존재 증명을 위해 안간힘을 쓰는 자들이다. 불굴의 전투에서 승리하여 영토를 확장하고 우위를 점하는데, 이들은 한결같이 과한 '외향형 행동주의자'들이다. 생각은 짧고 행동은 빠른, 지나치게 부지런한 것이 탈인 사람들이다. 그러니 '최고의 파괴자'들은 다름 아닌 영웅들이다. 제우스는 이들과 확연히 다르다. 생각이 깊고 행동이 신중하다. 일관된 행동, 전체를 총괄하기 위해 복잡다단한 상황을 깊이 성찰하는 자세는 지도자의 필수 덕목이다. 일반적 영웅과는 다른 제우스의 이런 기질을 '상대적 수동성'이라고 묘사할 수 있을 것이다.

제우스는 내면화의 가치를 실현하는 표상이다. 이는 흔히 여성성의 특질로 간주해 오던 것이다. 제우스는 내면의 여성성이 잘 통합된 남신이다. 이방인이나 방문객들을 환영하며, 다름에 대한 수용성이 넓다. 너른 수용과 건강한 수동성이야말로 다신 세계를 다스리기 위한 본질적인 덕목일 것이다.

다신 세계의 통치자 제우스는 안팎으로 발생하는 상호 모순이나 갈등 혹은 분쟁을 감당하고 다루는 데 탁월하다. 올림포스의 12신들은 저마다 각기 독특하게 다른 개성과 힘을 나타낸다. 이들 사이에 다툼과 반목이 일어날 때, 제우스 신은 각 신의 요구를 진지하게 듣는다. 다양한 소리를 듣는 경청 능력이 탁월하다. 중재할 때는 옳고 그름만을 따지거나 문제를 이분법으로 환원시키지 않는다. '있는 그대로의 다름'을 존중한다. 깊은 사유를 토대로 섬세하게 조정하고 협력을 이끌어 내는데, 현대적 시각으로 보면 제우스의 통치 스타일은 배타적인 왕정보다 의회 정치 스타일에 가깝다.

올림포스는 힘이 분권화되어 있을 뿐 아니라 각 힘이 수평적으로 존재하는 세계다. 제우스가 아무리 신들의 제왕이라 불릴지라도 다른 신의 영역을 침범할 수도, 다른 신이 벌인 일을 독자적으로 해결할 수도 없다. 신들이 반목하거나 신들 사이 질서가 무너질 때, 제우스는 전령을 보내고 조정과 중재를 시도한다. 아내 헤라와의 관계에서도 이런 모습이 잘 드러난다. 비록 내내 부부 싸움에 대한 열정이 식지 않는 두 신이지만, 제우스는 헤라에게 당하면 보복하려 들기는 해도 군림하는 태도로 명령하거나 헤라를 통제하려 하지는 않는다. 수평적 힘들이 질서를 유지하고 있는 올림포스를 굳이 우리에게 익숙한 '힘과 서열'의 잣대로 번역해 보자면, '균등한 힘을 지닌 각기 다른 신들 사이에서 제우스가 첫 번째^{primus inter pares}'라고 말할 수 있을 것이다.

제우스는 대단히 유연한 사고를 지녔다. 그러니 우라노스나 크로노스가 했던 대로 자신의 힘을 박제화할 필요가 없다. 추상적인 이상을 만들어 매달릴 필요도 없다. 서로 다른 힘들이 역동적으로 움직이는 가운데 하나로 통합된 세계가 올림포스다. 이 체제는 복잡하다. 하지만 결코 혼란하거나 무질서하지 않다. 오히려 가변적이라 생명력이 있고, 공존하기에 더할 나위 없이 안정적이다.

그리스 신화와 같은 다신관은 언제나 새로운 가능성을 수용하는 열린 태도를 기반으로 한다. 각 신이 체현하는 저마다의 이상이 존중되는 체계다. 이런 가운데 질서와 균형을 꾀하는 게 다신관의 묘미인데, 제우스 리더십의 진수가 바로 이 지점이다. 올림포스 체제가 표상하듯 기원전 5세기 그리스는 옛것과 새것, 자연과 인간, 남성과 여성에 대해 지금의 우리보다 훨씬 더 통합적이고 조화로웠다. 제우스 이미지로부터 건강하고 성숙한 아버지 혹은 미래의 아버지 모습을 상상해 볼 수 있는 이유다.

'아버지 고픔'의
시대에서

인류의 원형적 아버지인 제우스를 돌아보며 '아버지'가 얼마나 절실하면서도 사무치는 단어, 느낌, 이미지인지 새삼 확인한다. 가부장제라는 체제하에서 누구에게나 아버지란 상처와 두려움의 대상이자 동시에 한없는 동경의 대상일 것이다. 나 또한 아버지의 사랑을 받기 위해, 또 아버지의 자랑이 되기 위해 줄곧 매진했다. 내면작업을 하면서부터는 아버지의 꿈과 나의 꿈을 구별하고 나의 길을 가기 위해 쉼 없이 분투하고 있다. 그 과정에서 스승이자 영적인 아버지를 만나 '정신적 아버지'에 대한 허기도 채웠다. 지금은 생물학적 아버지보다 원형적 아버지 탐색에 마음을 쏟고 있다. 어떻게 보면, 일생 떠날 수 없는 존재가 아버지인가 보다.

우라노스, 크로노스, 제우스라는 원형적 아버지들을

통해 우리 시대 아버지들을 반추해 본다. 각기 저마다의 원형적 드라마를 자기 방식으로 살아 내고 있을 것이다. 이 땅의 아버지들도 '아버지'가 어떤 존재인지, 건강하고 지혜로운 아버지 모습은 어떤 것인지, 아버지의 상처는 무엇이고 또 좌절된 꿈은 무엇인지, 아버지의 못다 한 숙제가 내게 어떻게 대물림되는지, 끝없이 찾고 좌절하고 기대한다. 누구도 예외 없이 아버지를 필요로 하는 아들딸인 동시에 아들딸의 아버지여야 한다. 아버지의 부재라는 말보다 '아버지 고픔'이라는 말이 피부에 더 와닿는 시대다. 원형적 아버지 이미지들을 통한 저마다의 '아버지 찾기'로, 그 부재와 고픔의 자리가 그득하고 든든하게 채워질 수 있기를 염원한다.

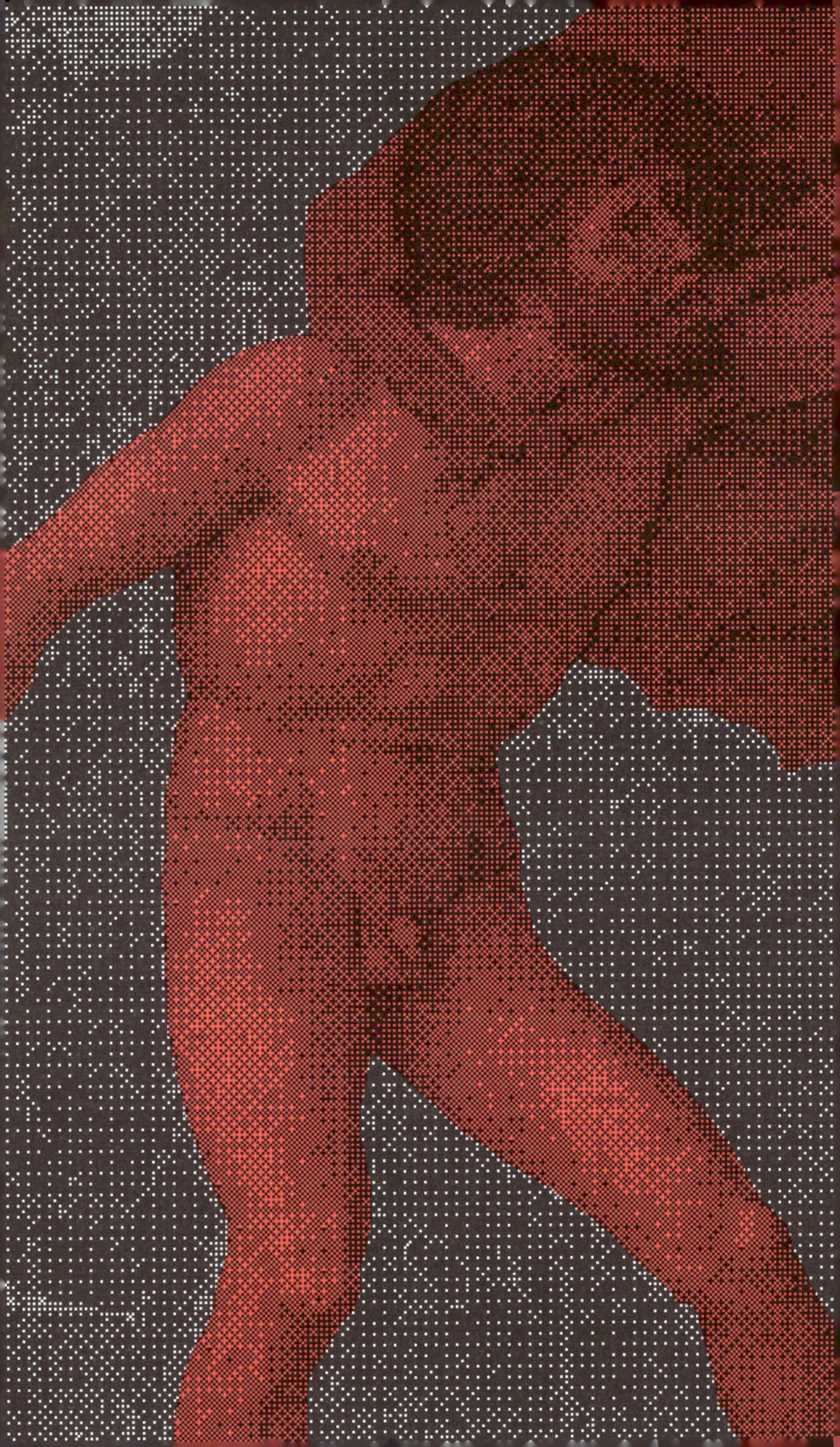

2장

헤파이스토스

✦

상처로
마침내
거룩해진 신

헤파이스토스는 올림포스 12신 중 유일하게 노동하는 신이다. 동굴의 용광로 앞에서 한 손에는 망치, 다른 손에는 부젓가락을 들고 땀이 흥건한 채 끝없이 풀무질을 하는 모습으로 우리에게 친숙하다. 도자기 회화에는 굵은 목과 수북한 가슴털, 덥수룩한 수염을 뽐내며 불에 달군 금속을 힘차게 두드리는 '산업 역군'의 이미지로 그려져 있다. 잘 알려져 있듯 헤파이스토스는 대장장이 신이다.

이 신에게 주로 붙는 수식어로는 '솜씨 좋기로 이름난' '훌륭한(절묘한) 솜씨' '유명한 절름발이' 등이 있다. 특히 빼어난 솜씨와 놀라운 기술은 헤파이스토스와 떼려야 뗄 수가 없는데, 호메로스의 《일리아스》와 《오디세이아》에는 감탄을 자아내는 신전과 무기, 발명품이 헤파이스토스의 손에서 탄생했다는 묘사가 많이 등장한다. 일상에서 사용하는 농기구나 갑옷과 병기, 신전과 옥좌는 물론이고, 아름다운 수공예 장신구를 만들어 여러 여신에게 기쁨을 선사하기도 한다. 그리스에서 '헤파이스토스 신의 작품'은 곧 천공天工의 백미를 뜻하는 고유명사처럼 쓰인다. 조각가이자 공예가, 목수이자 건축가이고 발명가였으니 그야말로 다예한 예술가다. 숙련된 기술, 아름다움에 대한 탁월한 감성에 더해 뼈를 깎는 인고의 힘과 성실함까지 갖춘 신이다.

그런데 자신이 만든 작품과는 대조적으로 헤파이스토스 본인은 그리스 신들 중 유일하게 아름답지 않은 신으로 전해진다. 태어날 때부터 추한 모습이었다고 한다. 심지어 몰골이 흉하다는 이유로 친어머니에게 거부당하기도 했는데, 신화에 따르면 어머니 헤라는 추하고 열등해 보이는 아기 헤파이스토스를 보고 분노해 올림포스 아래로 그를 내던졌다. 헤파이스토스는 어깨가 굽고 한쪽 팔이 뒤틀려 있으며 한쪽 발은 거꾸로 붙어 있어, 마치 게처럼 우스꽝스럽게 걸었다고 한다. 다른 전승에서는 올림포스 아래로 떨어지며 입은 충격으로 심각한 장애를 갖게 되었다고도 한다. 아무튼 장애와 거절, 이 둘은 헤파이스토스 신의 대표적인 표징이라 할 수 있다.

흔히 신의 모습이나 행위를 신성하다고 여긴다. 그렇다면 헤파이스토스의 장애 또한 신의 특질에 속하기에 신성하다. 그 옛날 고대 그리스인들이 '장애의 신성'을 알아보았다는 점이 놀랍다. 현대인 대부분은 신을 결점 없는 완전한 존재로 여기는데, 장애 또한 신성에 속한다는 고대 그리스인의 이런 인식은 상당히 파격적이라 할 만하다. 동시에 엄청난 위안으로 다가온다. 나의 결점이나 열등함에도 마땅한 자리가 있고 게다가 신성하기까지 하다니, 장애와 결핍에 대한 새로운 시각을 부여받은 듯하다. 무엇이든 완벽해야 한다는 무의식적 강박에서도 해방될 것 같다. '불완전'을 인간의 특질이자 신의 특질이라 생각하니, 불완전한 나와 타인의 모습을 마땅히 그러려니 하며 수용하게 된다. 무엇보다도, '신성함'을 이해하는 새 눈이 뜨인다.

헤파이스토스는 자신의 신체적 결함과 거절의 상처를 창조의 동력으로 승화시킨다. 아름답지 못한 헤파이스토스이나, 헤파이스토스가 창조한 작품들은 최고로 아름답다. 그가 열등했기에 가능한 일이다. 아름다움에 대한 절실함이 그의 원동력이 되었고, 이 근원적 힘이 열정이 되어 타올랐을 것이다. 자수성가한 사람들에게서 종종 관찰되듯 외모나 학벌, 계급적 지위에 대한 열등감이 성공의 거름이 되는 사례들은 꽤 흔하다.

헤파이스토스는 평화주의자다. 거절과 멸시라는 상처에 대한 방어 기제인지 모르나, 싸움을 피하고 전쟁을 싫어한다. 내향적인 성향이 매우 강하다. 그런데 겉으로는 순하고 묵묵해 보이는 헤파이스토스, 그의 내면에는 용광로 같은 분노가 자리하고 있다. 또한 풀무질하는 동안 불을 먹어서인지 불같이 단순하다.

헤파이스토스의 로마식 이름은 '화산volcano'의 어원이 된 '불칸Vulcan'이다. 그가 사용하는 용광로의 불은 본래 대지의 여신 가이아의 몸속에 있던 불이다. 현재도 이따금 폭발하는 에트나산의 불이라고도 하고, 렘노스섬 모스킬로스 화산의 불이라고도 한다. 가이아의 불이 본래 그러하듯 헤파이스토스의 불 또한 잠든 화산과 같다. 드물지만 헤파이스토스가 한 번 폭발할 때면 그리스 신들 중 어느 누구도 그를 감당하지 못했다. 한 예로, 살인마라는 별칭을 가지고 있는 잔혹한 전장의 신 아레스가 강압적으로 헤파이스토스를 올림포스로 끌고 가려 한 일이 있었다. 이에 헤파이스토스가 용광로를 집어던지며 저항하자 아레스가 혼비백산해 달아났다는 이야기는 유명하다.

헤파이스토스는 대부분의 시간을 렘노스섬에 있는 대장간에서 보낸다. 렘노스는 올림포스에서 멀리 떨어진 변방의 섬으로 세상 끝자락에 위치해 눈에 잘 띄지 않는다. 이를 '잊힌 자리'에 대한 은유로 읽을 수도 있다. 렘노스 동굴은 고독한 장인이 필요로 하는 은둔처였을 것이다.

올림포스라는 힘의 중심에 자신을 위한 자리는 없다는 사실을 잘 알고 있는 헤파이스토스이기에, 멀찌감치 떨어져 초조한 마음으로 권력의 핵심부에서 벌어지는 신들의 권력 갈등을 그저 지켜볼 따름이다. 만일 그 중심으로 접근하려 든다면 치러야 할 대가가 무엇인지도 잘 알고 있다. 신들을 위한 작품을 창조할 때는 잠시 그들과 함께여도, 절대 그들의 친구나 이웃이 될 수는 없다는 점을 헤파이스토스는 충분히 인식하고 있다.

이제 헤파이스토스 신을 깊이 탐색해 보자. 상처와 갈망, 수치와 열정, 고뇌와 영광이라는 양면을 만나 보자. 그는 상처의 흔적이 온몸에 각인된 신이며, 태생적으로 추하기에 생겨난 존재론적 자기 의심의 소유자다. 그럼에도 동굴 용광로라는 넉넉한 연금술 용기에 자신의 상처와 분노, 원망, 그리고 아름다움을 향한 열정을 불태워 최상의 작품을 탄생시킨다. 무엇보다 인고의 세월 동안 렘노스섬 동굴에서 스스로 담금질하며, 비루한 자신의 운명을 가장 높은 하늘의 권좌로 주조해 낸 신이다.

치명적인 상처로 인해 생긴 냉소와 무기력을 창조의 에너지로 삼아 삶의 물꼬를 바꾸어 낸 헤파이스토스의 비법이 궁금해진다. 아울러 장애나 결함을 가리거나 부인하기에 바쁜 현대인의 한 사람으로서, 그마저도 신성하게 여겼던 고대 그리스인의 깊은 통찰 또한 헤아려 보고자 한다.

태어남과 동시에
거부당하다

부모가 꿈꿀 수 있는 최고로 아름다운 딸 아테나는 제우스의 머릿속에서 태어났다. 이를 보고 헤라는 제우스보다 자신이 더 우월함을 입증하기 위해, 남편 제우스 없이 홀로 빼어난 자식을 탄생시키려 했다. 그렇게 헤파이스토스가 태어났다. 그런데 아기를 낳고 보니 추한 몰골에 절름발이다. 화가 난 헤라는 갓난아기를 땅 아래로 던져 버린다.

헤파이스토스의 탄생은 처음부터 환영받지 못했다. 아름답지 않고 우월하지 못하다는 이유로 어머니로부터 거부당한다. '어머니가 어찌 이럴 수 있느냐'며 절로 탄식하게 되는, 소화하기도 이해하기도 쉽지 않은 이미지다. 새 생명에

대한 거절은 존재론적 위협이다. 어머니는 자식을 위해서는
뭐든 희생할 수 있는 완벽한 모성의 현신 즉 '데메테르'여야만
하고, 우리는 이 믿음이 결코 흔들려서는 안 된다는 로고스에
사로잡혀 있다. 그런데 이런 믿음이 종종 현실과는 동떨어져
있다는 사실을 부인할 수는 없다. 인류의 유구한 역사 동안
고아들을 위한 시설이 존속해 왔다. 보육원은 물론 베이비 박
스까지 운영되고 있는 현실이다. 물리적 유기뿐 아니라 정서
적 유기까지 고려한다면, 자녀 유기나 학대는 멀지 않은 곳에
서 늘 벌어지고 있다.

집안의 그림자를 특정 자녀에게 투사해 희생양 삼는
'가족 내 왕따'는 소설 속에만 존재하는 게 아니다. 이 경우 투
사 대상이 되는 자녀는 가족 내에서 정서적인 고아나 입양아
처럼 자란다. 거부당하는 이유는 각양각색이다. 열등하거나,
미워하는 누군가를 닮았거나, 장애가 있거나, 처음부터 원치
않았던 자녀일 수 있다. 문제는 이런 일이 대단히 무의식적으
로 벌어진다는 데에 있다. 특별히 사악한 마음을 먹고 '이 아
이를 따돌려야지' 하며 온 가족이 단합해 일어나는 일이 아니
라는 것이다. 그러나 분명 가족 구성원 간에 드물지 않게 벌
어지고 있는 역동이다. 헤라는 그 원형 이미지다.

헤라는 본래 모성과는 거리가 멀다. 배우자와의 관계
로 자신을 규정하는 혼인의 신이지, 어머니는 아니다. 헤파이
스토스 출산 전후로 남편 제우스와 벌이는 힘겨루기가 정점

에 다다랐다. 힘의 역학이 중요한 헤라에게 열등의 표징이 드러났다. 기대를 품고 낳은 아들이 헤라 자신의 열등감을 백일하에 노출시키는 상황이 벌어졌다.

헤라의 내면을 들여다 보자. 헤라는 추한 헤파이스토스를 낳음으로써 부인하고 싶은 자신의 열등한 모습과 대면할 수밖에 없는 견디기 어려운 상황에 처했다. 제우스가 낳은 아테나는 강하고 지혜롭고 수려하다. 헤라는 아테나보다 우월한 자녀를 낳아 자기 자신을 입증해 보이기 위해 혼자 힘으로 잉태했다. 이는 사랑이 아니라 경쟁과 질투심의 결과다. 그러니 어떤 식이든 기형이 태어나는 것은 마땅한 귀결일 터이다. 인류사에 쉼 없이 되풀이되는, 사랑 없는 힘의 잔혹성이 여실히 드러나는 또 하나의 현장이다.

이제 헤파이스토스의 처지를 상상해 보자. 태어나자마자 영문도 모른 채 거절당한다. 태어나자마자 배신으로 삶을 출발한다. 세상이 충분히 안전하다는 믿음이 생기기 이전에, 그것도 어머니로부터 거절당하고 버려진다. 호메로스가 묘사한 헤파이스토스의 변은 이렇다. "내가 절름발이로 태어나서 나를 없애 버리려던 파렴치한 어머니의 사악한 속셈 때문에, 내가 멀리 추락하여 고통당하고…" 갓 태어난 아기에게 어머니의 거부는 곧 멸절의 공포다.

태어나 처음 접촉한 세상이 따뜻한 자궁과도 같은 느낌일 때, 생명은 안전하다는 감각을 보장받는다. 이 안전감이 원초적 신뢰primal trust의 초석이다. 생명은 안전감이란 주춧돌 위에서 자신의 삶을 펼쳐 낼 수 있다. 안전감을 바탕으로 세상의 파괴적 힘들로부터 자신을 지킬 수 있고 또 자신의 최대치를 탐색하려는 모험을 시작할 수 있다. 생애 초창기 안전감에 대한 필요는 모성에 대한 필요와 같은 말이다. 아기는 무의식에 고스란히 노출된 상태다. 자기방어 능력이 아직 갖추어지지 않았다. 품고 먹이고 기저귀를 갈아 주는 누군가가 절대적으로 필요하다. 인간 발달의 출발은 '오롯이 의존할 누군가'에 달린 것이다. 헐벗은 채 태어났으니, 태어난 이후 바깥세상에서도 당분간 '자궁'이 필요하다. 양수처럼 따뜻하고 안전한 느낌은 생득적인 게 아니라 태어나서 체득해야만 하는 감각이다. 그리고 이는 모든 생명에게 주어져야만 하는 마땅한 권리이기도 하다.

자신에게 실망하지 않을 누군가로부터 오롯이 보듬어지기를 갈망하지 않을 이가 세상 어디에 있겠는가? 하지만 이 원초적 필요에 치명적인 금이 간 생애 초기 경험으로 인해, 누군가를 믿고 의지하는 일은 헤파이스토스에게 평생의 과업이 된다. 이후 헤파이스토스가 맺은 관계를 보면 어머니 헤라, 아내 아프로디테, 아버지 제우스, 그리고 동료 신들의 배신이 운명처럼 뒤따른다. 심리학에서는 이 고리를 끊고자 한다면 누군가를 원망하는 대신 눈을 안으로 돌려 내적 원인으로부터 자리 탈출을 시도하라고 조언한다. 이 세상에서

내가 바꿀 수 있는 사람은 그 누구도 아닌 자기 자신뿐이라는
건 만고의 진리다.

그런데 심리치료사들이 거듭 좌절하는 자리가 바로
여기다. 이런 유형의 상처를 어떻게 치유할 것인가에 대한 문
제는 뇌과학과 트라우마 치유가 발전하며 현 심리학이 주목
하기 시작한 난제이기도 하다. 원초적 신뢰의 상처는 돌 이전
에 발생한다. 아기인 나는 전적으로 무력한데, 의존할 대상은
전혀 의존할 만하지 않았다. 이 태초의 무기력으로 몸부림치
는 사람에게 심리치료사를 믿고 괴로움을 함께 통과해 보자
는 소리는 공허하게 들릴 것이다. 언젠가 나의 동료는 "나는
아무도 없고 아무도 들어갈 수도 없는 자리 밖에서 초조하게
서성이는데, 내담자는 누군가 밖에 서 있다는 사실조차 믿어
주지 않는다"라고 말한 적이 있다.

내담자와 함께 이 어두운 자리로 들어갈 때, 심리치료
사는 마치 산산조각 나는 듯한 고통을 겪는다. 내담자가 느끼
는 원초적 파괴성과 무력감이 치료 과정 중 고스란히 전해지
고, 치료사는 그를 온몸으로 감당해야 한다. 최근에서야 이 원
초적 신뢰의 상처를 이번 생에 극복하지 않아도 괜찮다는 받
아들임이랄지, 어떤 여지가 생겨났다. 한없는 무력감에서 조
금은 자유로워졌다. 미흡하지만 그래도 치유의 씨앗이 뿌려
졌고, 이 씨앗은 언젠가 싹을 틔워 뿌리를 내릴 거라 믿는다.

헤파이스토스적 상처로 신음하는 사람들에게서 엿보

이는 특질들이 있다. 타인과 친밀하게 연결되고자 하는 열망
이 가히 신적인 크기다. 모순적이지만 거대한 열망과 엄청난
수동성이 공존한다. 이들에게 사랑이란 오로지 받는 사랑을
뜻한다. 이들이 상처 입은 시기, 생애 초기에 필요했던 사랑이
바로 그런 사랑이기에 마땅하다 할 수도 있겠다. 하지만 그런
무조건적인 사랑-존중-수용은 신의 범주이지 감히 인간이 흉
내 낼 크기와 깊이는 아니라는 것이 문제다. 그런데 나의 경
험에 의하면, 안타깝게도 이 맹렬한 갈망을 좌절시키려는 몸
부림이 다름 아닌 이들 내면에도 존재한다. 자신의 절박한 필
요를 채워줄 누군가를 이상화하고, 그러다 곧 좌절하고, 좌절
후 이상화한 누군가를 버린다. 그때마다 '버려지기 전에 먼저
버린다'고 말하고는 한다. 이후 이상화할 또 다른 대상이 생기
고, 이 고통스러운 패턴을 대개 평생 되풀이한다. 헤파이스토
스 성향이 강한 사람이라면 스스로 질문해야 한다. '나는 애매
함과 갈등과 모순으로 가득한 나 자신을 신뢰하는가?'

　　상처 입은 헤파이스토스의 선택은 땅끝 섬 렘노스였다.
동굴에서 땀으로 흠뻑 젖은 채 쉼 없이 풀무질을 해대는 외롭
고 쓸쓸한 안간힘은 헤파이스토스가 택할 수 있는 최소한의
안전 확보 행위였을 것이다. 어머니와 아버지를 비롯해, 올림
포스 신들과의 관계에 대한 열망은 끝이 없다. 열망의 크기만
큼이나 그의 안에는 불안과 복수심이 그득 들어차 있다. 내면
에서 전쟁이 발발한다. 끝없는 내전 상태이니 어찌 불에 달구

고 망치를 두드리며 살지 않을 수 있겠는가? 다만, 헤파이스토스 내면의 전투는 세상과 타인을 대상으로 펼쳐지지는 않는다.

물론 이 지난한 전투의 끝은 있다. 헤파이스토스는 훗날 올림포스로 입성한다. 불을 닮은 분노와 의심, 원한과 복수, 열망과 좌절, 가엾은 무기력으로 들끓던 헤파이스토스는 결국 자기만의 길을 찾아낸다. 이 놀라운 탈바꿈의 산실이 렘노스섬의 동굴이다. 그러니 렘노스는 연금술의 산실이기도 하다. 지금부터 원초적 신뢰의 상처로 출발한 헤파이스토스에게서 심리학 최고의 난제를 풀어 갈 통찰을 구해 보기로 하자.

절뚝이는 남성성과 어머니를 향한 은밀한 열망

렘노스는 헤파이스토스가 제일 좋아하는 장소이자 대부분의 시간을 보내는 곳이다. 실제 에게해 북쪽에 위치한 렘노스를 비롯해 그 인근의 섬들인 로도스, 사모트라케, 델로스는 헤파이스토스 숭배가 가장 활발했던 곳들이다. 오늘날에도 뛰어난 수공예품으로 유명하다. 학계 일각에서는 당시 헤파이스토스를 숭배하며 그를 흉내 내어 춤추던 무리를 '헤파이스토이Hephaistoi(헤파이스토스의 사람들)'라 부르기도 한다. 이들은 헤파이스토스의 아들들이자 그의 대장간에서 일하는 존재인 '카베이로이Kabeiroi'의 전통을 이어받아, 신체적 결함이나 기형적 모습을 신성한 제의의 일부로 표현했다. 헤파이스토스를 '난쟁이 대장장이'이자 '어머니 여신의 종'이라 묘사하는 것 또한 이들 무리와의 연관성을 드러낸다.

난쟁이는 형태학상 땅과 가깝다. 옛이야기에 등장하는, 땅속에 묻힌 보물을 캐는 광부는 대체로 난쟁이다. 지하로 좁고 길게 파고드는 갱도는 설치류들이 만드는 땅굴을 닮았다. 광부 또한 좁은 공간에 몸을 웅크린 채 단순 작업을 반복해야 하는 만큼 작은 몸이 훨씬 적합해 보인다. 헤파이스토스가 일하는 대장간도 땅속 동굴이다. 등이 굽은 채 손상된 팔다리로 불 앞에서 망치를 두드리는 모습은 헤파이스토스가 사실 난쟁이가 아니었더라도 충분히 난쟁이로 보이게 만들었을 법하다.

헤파이스토스 몸의 상처는 특히 다리와 발에 집중되어 있다. 이 신을 묘사할 때 절름발이만큼이나 자주 등장하는 표현이 '허약한 다리'다. 근육질인 상체와는 대조적으로 하체가 부실한데, 광부든 대장장이든 한 자리에 붙박이처럼 붙어서 일하는 존재이기에 기동성을 연상케 하는 튼실한 다리나 발은 그다지 어울리지 않기도 하다. 호메로스의 묘사에는 헤파이스토스가 동료 대장장이들과 일할 때 자신이 만든 휠체어를 타고 다닌다는 대목이 있다. 걸을 때는 지팡이를 썼다고 한다. 발과 다리의 취약함이 바로 헤파이스토스 몸의 정체성인 것이다.

신화에서 발의 상처는 남근의 상처와 연결된다. 또한 남성성의 치명적 상처는 곧 아버지와의 관계에 문제가 있다는 뜻이기도 하다. 실제로 다른 신화 버전에는 헤라가 아니라 아버지 제우스가 헤파이스토스를 땅으로 집어 던졌다고 되어 있다. 헤파이스토스는 제우스와 헤라의 부부싸움을 말리면서 헤라에게 이렇게 말했다.

> "그분께서는 전에도 한번 제가 어머니를 구해드리려 했을 때, 제 발을 잡고 신성한 하늘의 문턱 밖으로 저를 내던지신 적이 있습니다. 저는 온종일 떨어지다가, 해 질 무렵 렘노스섬에 닿았을 때쯤에는 거의 숨이 끊어지다시피 했습니다. 허나 그곳에 떨어진 저를 신티안족Sintians이 곧 보살펴 주었지요."
>
> - 《일리아스》 제1권 중에서

신화는 문자로 고착되기 이전 오랜 구전의 시기를 거쳤기 때문에 이본이 많은 것이 특징이다. 그러니 여기서 부모 중 아들 유기의 원조가 누구인지 가리려 하기보다, 헤파이스토스가 어머니로부터도 아버지로부터도 환영받지 못했다는 사실에 주목하자. 아버지의 거절 혹은 아버지 부재도 헤파이스토스 상처의 큰 일부다. 고대 그리스인에게 아버지가 없다는 것은 어떤 식으로든 남성성이 결여되어 있다는 것과 같았다.

렘노스에서 올림포스라는 중앙을 멀찌감치 바라만 볼

수밖에 없는 입장, 즉 '주변신'이 된 이유에 아버지의 거절은 매우 큰 영향을 미쳤을 것이다. 사내아이가 세상으로 나갈 때 든든한 뒷배가 되어, 아들이 사회에서 제 자리를 확립하도록 돕는 것이 아버지의 역할이다. 경계인, 주변인으로 산다는 것은 곧 아버지가 만든 세상이나 시스템의 혜택을 누릴 수 없는 처지라는 말이다. 제우스는 아들에게 애정은 고사하고 눈길조차 주지 않았다. 어머니의 거절이 헤파이스토스의 원초적 신뢰에 금이 가게 했다면, 아버지의 거절은 그를 평생 주변신으로 자리매김하게 했다.

자연히 헤파이스토스의 성장 드라마는, 어머니 품에서 어느 정도 자라면 어머니를 떠나 아버지를 찾아 나서는 전형적인 영웅 서사와는 다를 수밖에 없다. 헤파이스토스는 아버지 세계를 추구하는 아들이 아니라 어머니 여신들을 모방하고 여신처럼 되기 위해 애쓰는 남신이다. 헤파이스토스의 불과 용광로는 자연의 자궁이고, 불에 담금질하는 금속들은 가이아 여신의 몸속에 있던 것이다. 날것의 광물을 어머니 몸에서 채취해 연금술 작업을 거쳐 세상에 보물로 탄생시키는 대장장이는 일종의 산파와 같다. 이 또한 어머니 여신들을 모방하는 행위다. 헤파이스토스가 처음 자신의 재능을 깨닫고 발휘하게 된 배경에도 대리모 여신들이 존재한다. 신화에 의하면, 바다에 떨어진 신생아 헤파이스토스를 아킬레우스의 어머니 테티스와 에우리노메가 구출해 집 안 가장 깊은 자리에서 9년간 돌보았다고 한다. 대리모들에게 은밀하게 양육된 이 9년이 헤파이스토스에게는 두 번째 잉태기였다. 그는 이 기간 동안 대리 어머니들을 기쁘게 하려고 아름다운 장신구를 만들어 선사하기 시작했다.

헤파이스토스 정신의 핵심은 '인세스트incest(근친상간)'로 요약할 수 있다. 물론 문자 그대로의 인세스트가 아닌, 융이 강조하는 상징적 의미의 인세스트를 말한다. 헤파이스토스는 심리학적 퇴행으로 어머니 여신의 종이자, 아들이자, 연인이기를 원한다. 이 소망이 헤파이스토스 정신의 토대다. 이런 헤파이스토스를 아리스토텔레스적 의미에서 '테크네의 신god of techne'으로 부를 수 있을 것이다. 아리스토텔레스는 자연이 무언가를 만들어 내는 원리를 관찰하고 그를 본떠 완성하는 행위가 기술techne이라고 정의했다. 헤파이스토스는 렘노스에서 자연의 창조 과정을 학습했다. 동굴과 숲을 모방해 집과 왕궁을 짓고, 불을 꺼뜨리지 않으려 사회를 조직한다. 헤파이스토스의 기술은 곧 자연을 모방하고, 여신을 모방하는 행위들로 수렴된다.

한편, 헤파이스토스의 이야기가 전형적인 영웅 서사와 일치하는 대목도 있다. 헤파이스토스는 부모로부터 버려져 자연이라는 자궁에서 다시 태어난다. 올림포스에서 추락해 떨어진 바다는 우주의 양수다. 제주 신화에서 고아를 묘사할 때, 땅이 요가 되고 하늘이 이불이 되었다는 시적 표현이 있다. 헤파이스토스 또한 대리모가 제공한 은신처와 렘노스의 자연이 그를 품어 주어 비로소 부모와의 인연을 초월해 우주의 자녀로 거듭날 수 있었다. 이런 이미지는 부모를 보편화시켜 영웅이 본래부터 특별한 아이임을 강조하는 신화적 문법이다. 물론 그렇다고 해서 헤파이스토스의 상처가 사라진 것은 아니다. 상처는 몸에 각인된 장애처럼 언제나 그 자리에 있다.

상처투성이인 헤파이스토스가 영웅으로 보이는 이유는, 그가 자신을 부모로부터 유기된 희생자로 규정하고 일생 울분을 토하기만 하는 심리학적 간증자에 머물러 있지 않는다는 점이다. 헤파이스토스는 운명적 상처에 신음하고 항거하며, 결국 수용해 상처를 넘어서는 존재로 거듭난다. 원초적 상처는 헤파이스토스에게 자기 탐색을 멈출 수 없도록 했을 것이고, 초인적인 인고의 세월을 거치면서 마침내 운명적 결함이나 혐오, 수치심조차 자신을 찾아가는 여정에 필연적인 자원이 되었음을 그는 받아들였다. 과하게 찬란하지는 않은 우리네 삶과 참으로 닮아 있어 친근하고 장엄하다.

렘노스, 소외된 마음 세계에 대한 은유

렘노스는 헤파이스토스의 심적 토양이다. 삶의 터전은

한 개인의 정체성 형성에 지대한 영향을 미치는 만큼, 헤파이스토스를 보듬어 키워 낸 렘노스를 헤파이스토스의 연장된 몸으로서 만나 보려 한다. 생애 초, 부모로부터 버려진 후 운명이 이끈 렘노스는 추방의 자리다. 동시에 렘노스 자연이 헤파이스토스를 양육해 거듭나게 했으니, 세상의 자궁이고 마음의 고향이다.

부모와의 단절은 영웅 신화에 반드시 등장하는 신화소인데, 한 시대를 여는 영웅의 씨앗은 부모의 보호나 돌봄이 미치지 않는 척박한 자리에서 싹튼다. 부모의 개입이나 부모가 이룩한 문명의 혜택을 누리지 못하는 곳에서 오롯이 자연이 품어, 내면의 힘이 고스란히 발현되도록 길러진다. 그러니 필연적으로 독립적이고 독창적일 수밖에 없다. 존재 자체가 지금껏 세상에 없던 가치나 사상을 의미하기 때문이며, 그래서 이들은 미래의 개척자다. 이는 인류의 무수한 영적 영웅들이 삶으로 입증했던 바다. 렘노스는 분명 영웅의 재목에게 마땅한 운명적인 곳이지만, 그래도 어린 헤파이스토스에게는 춥고 쓸쓸하고 외로운 곳이다.

렘노스는 지리적으로도 외딴섬이다. 사람들의 관심에서 비켜나 있는, 추방과 은둔과 유배에 적합한 곳이다. 유배라는 형벌의 성질이 그러하듯 헤파이스토스는 렘노스에 존재하나 존재로 받아들여지지 않으니, 올림포스는 물론 세상과의 단절과 소외가 극심하다. 이런 곳에서 산다면 지속적인 부적절감으로부터 자유로울 수 없다. '속하지 않는다'와 '받아들여지지 않는다'가 헤파이스토스 마음 무늬로 깊이 새겨진다. 그러니 관계에서도 '배제'나 '소외'에 촉이 예민하게 발동하고, 이는 그토록 갈망하는 친밀한 관계 맺기에 오히려 장애물로 작용할 것이다. 얼마나 춥고 황량하랴. 소외 중에서도 자기 소외가 본래 가장 잔혹하도록 견고한 법이다.

　　양육은 거울처럼 나를 비추어 주는 누군가를 필요로 한다. 헤파이스토스에게는 자신의 생각이나 감정을 비추고 확인하면서 확신을 갖도록 해 주는 그 누군가가 없다. 모순되고 불편한 감정들의 혼돈을 수용하고 중화해 주는 누군가도 없다. 이런 존재의 부재는 자신이 감지한 실체에 대해 확신을 갖기 어렵게 할 뿐 아니라, 혼돈이 순화되어 질서로 나아가는 절차를 습득할 수 없게 한다. 결국 자신이 느끼는 것들은 모두 수용될 수 없거나 자연스럽지 않은 것이라고, 자신을 비정상적인 존재라고 믿게 되기 쉽다. 내면에서 저절로 올라오는 감정이나 지각을 믿지 못하면 자기 소외, 자기 분열이 거듭된다. 추방의 섬 렘노스는 이런 단절과 고립, 소외가 자라게 만드는 자리다.

　　'내가 속하는 곳은 세상 어디에도 없어' '아무도 나를 받아들여 주지 않아' '나를 드러낼 수 없어.' 마음 가득 이런 상념들이 뒤죽박죽인 헤파이스토스에게, 렘노스 동굴은 그나마 최소한의 안전을 제공하는 장소다. 자궁 같은 동굴인지라 '홈home'은 아니어도 집으로 기능은 한다. 타인의 시선으로부터 비켜나 숨을 수도 있다. 헤파이스토스적 성향이 강한 사람들 눈에서는 언제나 무언가 '찾는 중'이라는 초조가 읽힌다. 집이 있어도 집을 찾고 가족이 있더라도 마음 가족을 찾아 헤맨다. 따뜻하고 안전하며 자신의 결함이나 취약함조차도 받아들여지는 '홈'에 대한 허기를 지상 어디에서, 또 무엇으로 채울 수가 있을까 싶다.

온종일 불 앞에서 쇠를 두드리는 헤파이스토스의 담금질은 이런 상처에 대한 헌신 같아 숭고하다. 좌절된 사랑, 거절과 배신, 무가치함과 부적절함, 그리고 천부적 재능들이 내면에서 뒤엉킨 채 전쟁을 멈추지 않는다. 울부짖음 또는 저항인지, 아니면 변형된 희망인지, 그도 아니면 해방 욕구의 발현인지 헤파이스토스는 붙박이처럼 모루 앞에서 혼신의 힘을 쏟아 낸다. 버려짐도 배신도 견디려는 강한 의지이자 세상의 무시나 조롱에 굴복할 수 없다는 불굴의 자존심이다. 처절하게 고독한 자기와의 싸움이다. 날것처럼 거칠고 고집스럽게 단단한 헤파이스토스 내면에서 캐낸 추함과 원망, 아름다움에 대한 갈구로 이루어진 모순덩어리 혼돈을 눈 앞 모루 위에 올려 오직 두드리는 집중된 몸짓. 상처받은 헤파이스토스가 천공으로 거듭나는 열쇠가 바로 이 이미지에 있는 듯하다.

우리는 대부분 상처를 극복하고 콤플렉스에서 해방되려, 자신을 묶고 있는 올가미를 벗어 던지려 한다. 그런데 이 애씀은 현명한 전략이 아니다. 취약함과 수치심을 수술하듯 제거하거나 깊숙이 묻어 드러나지 못하게 하는 노력은 상처를 더욱 공고히 하고 장애물을 항구적으로 만들 뿐이다. 현재 급속한 발전이 이루어지고 있는 트라우마 연구 분야에서는 상처를 덮고 누르고 감금하는 일에도 엄청난 에너지가 소모된다는 점을 밝혔다. 트라우마 희생자들이 한결같이 에너지가 없어 보이는 이유도 이 때문이라고 한다. 삶을 개척하는 데 사용해야 할 에너지를 부인 방어denial에 소진하는 것이다. 비효율은 말할 것도 없고, 결코 통하지 않는 전략이다. 상처도 결점도 추함도 열등함도 없어 보이는 삶을 원한다는 것, 이는 자신과는 거리가 먼 모습을 창조하려는 시도다. 그러나 참자기True Self가 되는 길은 있어도 내가 아닌 내가 되는 길은 세상 어디에도 없다.

　　헤파이스토스의 전략이 그래서 가치가 있다. 끄집어내어 중심에 두고, 집중해서 들여다보며 온 힘을 다해 씨름한다. 온몸이 땀으로 덮이고 불을 삼키더라도, 불 앞에서 쇠를 달구고 녹이고 두드리는 작업을 멈추지 않는다. 살다 보니, 결국 두려움도 상처도 정면 대결이 최선이며 지름길임을 인정하게 된다. 헤파이스토스의 최대 강점이 바로 이 정면 대결에 있다. 처음엔 쇳덩이가 뭐가 되어 나올지 모른다. 박살이 날지 그대로 돌파할지, 약속은 없다. 그런데도 혼신을 다하는 이 힘은 어디서부터 오는 것일까?

　　앞서 말했듯 헤파이스토스는 테크네의 신이다. 자연에

서 배우고 자연처럼 행한다. 자연에 생명 에너지는 영속적으로 흐른다. 늘 한 형태에서 다른 형태로 변화하는데, 이 변형과 탈바꿈이 자연의 순리이고 리듬이다. 이는 곧 헤파이스토스가 렘노스 자연에서 직접 관찰하며 체득한 진리일 것이다. 버거운 상처, 장애, 수치심 또한 자연 안에서는 예외가 아니라는 믿음이 있었기 때문에 지난한 담금질을 인내하며 지속할 수 있었던 게 아닌가 짐작해 본다. 상처도, 상처가 만든 황폐함도, 그로 인한 자신과 세상에 대한 인지 왜곡조차도 영구적일 수 없다는 믿음은 자연으로부터 길러졌을 것이다. 여기서 상처에 대한 헌신이 나올 수 있는 것 같다.

진정한 해방은 무의식의 창조성에 제 길을 내어 주는 것이다. 헤파이스토스의 장애나 추함이 아름다움에 대한 허기를 장대하게 했으니, 상처가 창조의 문을 열어 천부적 재능에 제 길을 낸 것이다. 어떤 언어권에서는 '상처'와 '은총'이 같은 어근에서 파생되었다고 한다. 언어를 만들어 온 인류의 집단 무의식도 진정한 해방이 무엇인지 이미 알고 있었던 모양이다. 심층심리학에서는 창조적 채널이 열릴 때가 콤플렉스에 움켜잡혔던 손목이 풀려나는 순간이라고 말한다. 예술만이 이 버거운 에너지조차 보듬고 길들이는 데 넉넉한 그릇이 되어주는 듯하다.

예술품은 서로 반대로 움직이는 힘들 사이에서 드물게 찾아오는 조화의 결실이다. 상처와 불안은 좌절과 절망 쪽으로 당기고 회복과 창조를 향한 힘은 그 반대쪽으로 당기며 어느 쪽도 놓지 않으려는 씨름, 그 가운데 무언가가 태어난다. 이 양쪽으로 당기는 찢김을 버틴 결과 헤파이스토스의 신품들이 세상에 태어난다. 영국의 시인이자 화가인 윌리엄 블레이크William Blake는 '표면을 녹여 숨겨져 있던 무한을 드러낸다'는 표현을 한 적이 있다. 헤파이스토스는 불완전한 존재이나, 헤파이스토스의 작품들은 유한한 지상에서 무한과 공명한다.

이제 헤파이스토스의 결함과 장애, 결핍이 강변하는 교훈이 선명해진다. 삶이 불완전하듯 우리가 하는 시도 또한 모두 불완전한 것일지라도, 그 불완전한 시도 끝에 놀라움과 기쁨이 태어난다. 예술품이 예술가가 자신을 말하는 방식이라면, 궁극적이며 진정한 예술은 결국 자신을 빚어내는 예술이 아닌가 한다. 헤파이스토스는 자신의 장애와 결핍과 추함에 온 힘을 다해 헌신했다. 그 사이, 내면에 잠재되어 있던 천공이 탄생했다.

자연을 모방하여 자연처럼 창조하다

르네상스 문학가 조반니 보카치오는 그리스적 상상력이 헤파이스토스에게 원숭이를 짝지어 주었다고 묘사한다. 이는 원숭이가 인간을 흉내 내듯, 인간은 자연을 모방한다는 의미를 담고 있다. 헤파이스토스는 렘노스에서 자연의 창조 과정을 배우고 모방하며 무수한 걸작들을 탄생시킨다. 올림포스의 여러 신전과 신전의 옥좌는 모두 헤파이스토스의 작품이다. 각 신들의 대표 상징이 된 무기와 장비, 그리고 여신들을 위한 금속 장신구들도 헤파이스토스 손끝에서 탄생했다. 그가 만든 신품들은 아킬레우스의 방패와 군장, 헤르메스의 날개 달린 모자, 제우스의 권능을 상징하는 아이기스Aigis(신의 방패), 헬리오스의 마차, 아프로디테의 황금 거들, 헤라의 옥좌, 아프로디테와 아레스를 가둔 투명 그물, 모든 불행의 근원이라는 인간 여인 판도라, 페르세우스가 메두사를 죽인 낫 등 헤아릴 수 없을 정도다. 호메로스와 헤시오도스는 헤파이스토스의 창조물들을 상세히 묘사하고 있는데, 이를 읽다 보면 고개를 갸웃거리게 된다. 3000여 년 전 헤파이스토스가 발명했다는 것들 중 상당수가 현시대에 실제로 구현되고 있기 때문이다. 인간의 상상력이 시대를 초월하는 것일까, 아니면 그 상상력조차 원형적 패턴을 따르기에 필연적으로 반복되는 것일까? 신화에 따르면 헤파이스토스는 현대에서 로봇이나 휴머노이드로 불릴 법한 존재를 만들어 일상에서 사용했다. 인간이나 인간의 능력을 모방한 기계를 고안해 인공의 협업 시스템을 구축했다. 그가 만든 소위 '인조 도우미'들에 대한 상세 묘사를 보면 기술뿐 아니라 지적 능력까지 갖춘 존재들이다. 고대 그리스인들이 이미 AI 시대의 청사진을 그려 냈던 것일까?

이제 헤파이스토스 창조력의 산실인 그의 동굴 작업장을 들여다 보자. 혹시 선사시대인들의 동굴집 같은 것을 상상하고 있다면 엄청난 오해다. 호메로스나 헤시오도스의 묘사를 보면 근대 산업 사회의 생산 현장을 묘사한 게 아닌가 할 정도이기 때문이다.

…풀무 옆으로 가서 그것을 불 쪽으로 돌려놓고는 풀무에게 일하라고 명령했다. 그러자 모두 스무 개의 풀무가, 강도가 다른 여러 가지 바람을 용광로 밑으로 잔뜩 불어넣었다. 풀무들은 헤파이스토스가 원하는 대로, 또 일의 진도에 따라 때로는 일을 돕기도 하고 때로는 멈추기도 했다. 헤파이스토스는 불멸의 청동과 주석, 값나가는 황금과 은을 불 속에 집어넣더니 모루대 위에 큰 모루를 올려놓고 한 손에는 단단한 망치를, 또 한 손에는 부젓가락을 집어 들었다.…

- 《일리아스》 제18권 중에서

현대화, 자동화된 제철소 풍경과 거의 흡사하다. 그러니 헤파이스토스를 두고 '산업 역군' '문명화의 초석을 다진 신'이라 칭송할 만하다.

헤파이스토스의 놀라운 발명품 중에는 금과 은으로 만든 개와 사자가 있다. 그를 신전 문 앞에 세워 두고 함부로 안으로 들어서려 하는 자들을 물게 했으니, 그야말로 '로봇 수문장'이었다. 가정을 위해 가사 도우미 로봇을 만들기도 했다. 마치 살아 있는 소녀 같았다는데, 이 휴머노이드는 팔 관절을 움직이고 말할 줄 알며 지성과 솜씨까지 겸비했다고 한다. 헤파이스토스가 만든 유명한 로봇인 '탈로스Talos'도 빼놓을 수 없다. 헤시오도스가 이에 관해 꽤 자세하게 묘사했는데, 탈로스는 청동으로 만든 거인 로봇이다. 제우스의 명에 따라 제작되었으며 제우스의 고향인 크레타섬을 지키기 위해서 만들었다고 한다. 거구 탈로스는 크레타섬을 하루에 세 바퀴 돌면서 적의 침입을 감시했다. 적군의 함선이 다가오면 거대한 바위를 집어 던져 막아 냈다. 또한 탈로스에는 정수리에서부터 발끝까지 연결된 통로가 있는데, 이곳으로 신의 피라 일컬어지는 신비한 생명의 원천 이코르ichor가 흘렀다고 한다.

헤파이스토스의 많은 창조물 중 백미를 꼽으라면 단연 아킬레우스의 방패일 것이다. 호메로스는 《일리아스》를 통해 방패 제작 과정과 방패의 형상을 여러 장에 걸쳐 매우 상세히 묘사했다. 헤파이스토스가 렘노스에 추락했을 때, 그를 거두어 돌봐 준 여신이 테티스다. 테티스가 트로이에서 전사할 운명인 아들 아킬레우스를 위해 군장을 만들어 달라 부탁하자 헤파이스토스가 기꺼이 승낙하여 방패를 만들어 주었다. 이 방패에는 전 우주가 들어 있다.

방패는 다섯 겹으로 만들어져 그 어떤 창도 뚫을 수 없다. 겉면에는 대지와 하늘과 바다가 그려져 있고, 하늘에는 해와 달, 그리고 곰자리와 오리온자리 같은 익숙한 별자리들이 새겨져 있다. 이어서 아름다운 두 도시가 묘사된다. 한 도시에서는 혼례와 혼인 잔치가 한창이다. 각종 악기가 울려 퍼지는 곳에서 청춘 남녀들이 뒤섞여 춤을 춘다. 다른 도시는 포위 공격을 받는 중이다. 성을 지키려는 자와 함락시키려는 자가 대치하고 있다. 수호군 앞에는 아레스와 팔라스 아테나 Pallas Athena가 서 있는데, 사람들보다 조금 더 큰 체구로 그려져 눈길을 끈다. 두 전쟁의 신이 앞장서 진두지휘하는 모습이다. 이 밖에도 목자와 가축 떼, 기름진 밭에서 추수하는 광경, 추수가 끝난 뒤 아이들이 뒤따르며 이삭을 줍는 장면이 새겨져 있다. 그 옆에는 황금빛 포도밭이 펼쳐지는데, 주렁주렁 달린 탐스러운 포도송이를 처녀와 총각들이 함께 수확한다. 방패 맨 아래쪽으로는 오케아노스 강이 흐른다.

이처럼 간단히 훑어보기만 해도 광활한 우주와 자연, 우리 삶에 있어 빼놓을 수 없는 본질적 내용들이 새겨져 있다. 헤파이스토스가 구현한 고대 그리스인의 우주관, 세계관이 장엄하게 펼쳐져 마치 그림으로 보는 창조 신화 같다.

인간이 만든 작품을 두고 '천공의 솜씨'라 칭하는 일은 최고의 찬사일 것이나, 신이 창조한 예술에는 어떤 말을 바쳐야 할지 찾을 길이 없다. 끝없는 소외와 부적절감에 시달리는 헤파이스토스는 처절한 고뇌를 통해 탄생시킨 예술로 타인이나 세상과 소통한다. 자연과의 친밀한 관계도 엿보인다. 헤파이스토스의 상상은 우주를 품어 장대하고, 그의 손끝은 신조차 경이로워할 경지에 이르렀다.

헤파이스토스는
왜 아프로디테와 결혼했을까?

천공 헤파이스토스는 자신이 만든 작품처럼 완벽하게 아름다운 여신 아프로디테를 아내로 맞는다. 이 둘의 결합은 그리스 신화 최고의 수수께끼로 회자된다. 지상과 천상을 통틀어 가장 아름다운 여신이, 왜 하필 신 중에서도 유일하게 추하다는 헤파이스토스와 혼인했을까? 이 이미지에 담긴 숨은 의미들을 발굴해 보자.

먼저, 그리스 신들은 독자적으로 존재하는 것이 아니라 언제나 유기적으로 상호 작용하는 신들이라는 점을 염두에 두어야 한다. 그렇기에 관계 속에서 신들의 상호 몸짓을 살피면 신화를 읽는 맛에 한층 풍미가 더해진다. 헤파이스토스와 아프로디테의 혼인 드라마에도 직간접적으로 여러 신들이 연루되어 있다. 이 중 직접 그 무대 위에 등장하는 신들만 헤아려 보아도 헤라, 제우스, 아레스, 아프로디테, 헤파이스토스가 있다. 이들이 모두 얽혀 저마다의 이야기를 펼쳐 낸다.

헤파이스토스와 아프로디테 혼인의 직접적 계기는 헤파이스토스가 어머니 헤라에게 선물한 옥좌다. 아들 헤파이스토스가 어머니 헤라를 위해 최상의 옥좌를 만들어 선사하자, 헤라는 자신의 권능과 권위를 뽐내려 당당히 옥좌 위에 앉는다. 그런데 앉자마자 헤라의 손목에 수갑이 채워졌다. 헤파이스토스는 의자에 묶여 옴짝달싹 못 하게 된 헤라를 공중에 거꾸로 매달아 둔다. 옆에서 다른 신들이 이제 그만 풀어 주라고 하자 헤파이스토스가 말한다. "나는 엄마 없어!"

가슴 깊이에 옹이처럼 박힌 어머니에 대한 복수심을 노골적으로 드러낸 것이다. 한 신이 만든 속박이나 저주는 다른 신이 풀 수 없다는 것이 그리스 다신 세계의 법칙인지라, 오직 헤파이스토스만이 그 수갑을 풀 수 있었다. 이 엄중한 사태를 중재하기 위해 제우스 신이 나선다.

제우스는 어머니를 풀어 준다면 아프로디테를 아내로 주겠다고 제안했다. 사실 제우스는 아프로디테를 마음에 품고 있는 다른 여러 신들 사이에 전쟁이 일어날까 늘 염려하고 있었기에 이런 해결책을 내놓은 것이기도 했다.

이제 아프로디테의 속내를 들여다 보자. 아프로디테는 결코 '지는 게임'은 하지 않는 성정이다. 또한 교묘하고 셈에 능한 여신이다. 그런데 왜 이 혼인을 받아들였을까? 추한 남편이 마음에 들지는 않지만, 그렇다고 제우스와의 정면충돌은 여신의 스타일이 아니다. 가부장의 우두머리인 제우스 신에 맞서 봤자 얻을 게 별로 없다는 걸 잘 알고 있는 만큼, 무모한 수고로움을 치르는 대신 제우스의 제안을 받아들인 것이다. 다만 아프로디테는 혼인에 조건을 하나 붙였다. 헤파이스토스와 혼인은 할 것이지만, 그리스에서 가장 관능적인 남신인 아레스를 애인으로 두겠다는 조건이었다. 매력적인 애인과, 천공의 실력으로 빚은 아름다운 장신구를 바치는 남편이라는 조합은 아프로디테에게 있어 그다지 나쁘지 않다. 이를테면 '아프로디테식 거래'인 셈이다. 여신은 언제나 원하는 것 전부를 손에 넣는다.

어머니를 향한 복수심에서 비롯된 이 혼인 드라마는, 그저 재밋거리로 잘근잘근 씹으며 웃어넘길 일은 아니다. 오늘날 너무나 많은 남성들이 헤파이스토스적 상처로 아파하고 또 혼란스러워 한다. 무수한 '아들들'이 치유할 수 없는 상처를 입었고, 그로 인해 장애를 지닌 채 살아간다. 앞서 말했듯이 어머니의 거절은 태초의 상처다. 그러니 어떤 식으로든 어머니 사랑을 되찾으려는 절박한 소망을 도무지 놓을 수가 없다. 이와 동시에 마음 한편에는 어머니에 대한 좌절과 원망이 세월에도 희석되지 않은 채 자리하고 있다. 그러니 아들은 어머니를 떠날 수가 없다. 이런 아들들의 마음 상태를 이해하기 위해, 대리모들을 향한 헤파이스토스의 태도에 비추어 이들이 어머니 또는 어머니 같은 여성과 맺는 관계를 관찰해 보자.

헤파이스토스는 대리모들에게 기쁨과 위안을 선사하

려 최상의 장신구를 만들어 바친다. 매우 적극적인 구애 행위이다. 자신의 노력과 헌신의 대가로 사랑과 안정을 갈구한다. 이 사랑에는 유아기적 수동성이 엿보인다. 앞서 헤파이스토스에게 사랑이란 곧 '받는 사랑'이라 했다. 그렇다면 이런 헤파이스토스가, 어머니 헤라처럼 자신을 거절하고 배신해 상처를 주리라는 예측이 충분히 가능한 아프로디테와 어떻게 혼인할 수 있었을까?

헤파이스토스 유형의 남성이 일평생 즐겨 부르는 노래가 있다. 〈불효자는 웁니다〉라는 곡이다. 목 놓아 부르는 이 노래 속에 겹겹이 쌓인 그들의 심정이 농축되어 있다. '엄마, 그때 나한테 왜 그랬어?' '엄마, 왜 나를 거절했어?' '엄마, 형만 보지 말고 나도 좀 봐 주지.' 넘치게 받은 어머니의 사랑에 대한 감사한 마음보다 앞서는, 충분히 젖을 먹지 못했다는 이 '젖고픔'이 나이와 상관없이 어머니를 외치게 한다. 그러니 자라서도 '이 학교에 합격하면' 또는 '이만큼 성공하면' 등의 단서를 달아 가며 어머니보고 끊임없이 나를 사랑해 달라고 부르짖는다. 독립된 인격으로 스스로 삶을 충분히 영위하는 '진정한 효자'가 될 수 없어 '불효자'를 거듭 노래하는 것이리라. 결핍의 상처는 '이것만 해결되면 제대로 살 수 있을 것'이라는 착각을 불러일으킨다. 그러니 더욱 매달릴 수밖에 없다. 게다가 한때 자신의 우주였던 어머니의 사랑을 갈구하는 일이니 오죽하겠는가.

이런 남성들에게는 특히 강한 경향성이 있다. 어머니

를 이상화하는 일과 어머니에게 갖는 거부감 사이의 간극이 엄청나다. 이 중 어느 쪽이 겉으로 드러나든 상관없이, 이들의 정신세계는 어머니라는 거대한 품이 지배하고 있다. 과연 어머니와의 거래를 끝내고 온전한 성인 남성으로서 여성을 맞이하는 사내가 세상에 존재하기는 할까? 원형심리학자 제임스 힐먼에 따르면, 남성은 결코 어머니 콤플렉스를 극복하지 못하기에 가부장제가 탄생했다며 인류사의 큰 흐름 아래에 있는 무의식적 동인을 강조한 바 있다.

앞서 인세스트가 헤파이스토스 정신의 핵심이라 했었다. 이 퇴행을 심리학 전문 용어로 '보지 선망vagina envy' 또는 '자궁 선망womb envy'이라 부르기도 한다. 프로이트는 '남근 선망penis envy'이라는 개념을 통해 인간 이해에 주요 단서를 제공했다. 인간은 기본적으로 내가 가지지 않은 것을 탐한다. 그러니 자궁 선망과 남근 선망은 동전의 양면이다. 헤파이스토스를 어머니 여신의 종이라 부른다고 했다. 여신과 하나 되기를, 여신처럼 생산하기를, 여신이 되기를 원하는 헤파이스토스다. 어머니 여신의 생물학적 생식력을 시기하는 남신이기도 하다. 헤라를 매달아 벌주는 신화 이미지에는 이런 부분도 어느 정도 작동할 것이다. 어머니의 힘을 강탈해 '내 거야!' 하며 우기는 성난 아들의 모습이다.

헤파이스토스는 현대식 표현으로 전형적인 '자수성가형 인물'이다. 열등감을 딛고 성공을 이루어 내었다. 이런 남성은 돈이나 명성, 지위로 자신의 상처를 숨기려 한다. 하지만 상처는 늘 그 자리에 있다. 바로 이 지점에 아프로디테가 들어온다. 성공의 광채를 더욱 부각시키는 데에, 수많은 남신들이 탐내는 빼어난 미모의 아내보다 더한 장식품도 없을 것이다. 이런 쌍의 결합을 '페르소나 혼인'이라 부른다. 그런데 이는 표면적인 이유이고, 심층에서는 훨씬 더 강력한 무의식적 마력이 작동한다.

헤파이스토스의 상처는 어머니의 거절과 배신에서 기인했고, 이로 인해 헤파이스토스의 원초적 신뢰에 금이 갔다고 했다. 아프로디테는 파도가 일으키는 물거품에서 탄생했다. 아프로디테를 움켜잡거나 집 안에 가둬 두는 일은 지구에서 바닷물을 모조리 증발시키는 것보다 어렵다. 신뢰에 금이 간 상처와 씨름하는 사람은, 자신에게 같은 상처를 줄 듯한 사람을 만나야 오래 묵은 상처를 극복하고 염원해 왔던 친밀함을 얻을 수 있을 것처럼 느낀다. 강한 무의식적 끌림은 자신을 위해 필요한 무언가를 상대가 가지고 있다는 것에서 기인한다. 하지만 이런 무의식적 선택은 아물지 않은 상처에 거듭 소금을 뿌리는 결과를 낳는다. 이를 심리학에서는 '반복강박repetition compulsion'이라 한다. 자기 삶에서 계속 되풀이되는 일정한 패턴이나 드라마가 무엇인지 객관적으로 이해하며 감정을 다루는 치유 작업을 하기 전까지는, 누구도 이 드라마로부터 자유로울 수 없다. 즉 헤파이스토스의 영혼은 '배신할

아내'를 필요로 한다.

그리스 신화 최고의 수수께끼, 미의 여신 아프로디테와 올림포스 유일의 추한 신 헤파이스토스의 혼인 드라마를 펼쳐 보았다. 이 혼인 드라마가 헤파이스토스에게 과연 새로운 초대일까, 저주일까? 배신과 거절이라는 원초적 상처를 치유하는 기회가 될지 아니면 도돌이표 상처 덧내기로 이어질지, 결국 선택은 본인의 몫이리라.

원형적 삼각관계와 섹슈얼리티

이 혼인은 처음부터 둘이 아니라 셋으로 시작한다. 삼각관계의 중심에는 성sexuality이 자리한다. 아프로디테는 미의 여신이자 성의 여신이다. 아프로디테도 아레스도 성적으로 '핫한' 신들이다. 그렇다면 헤파이스토스의 성은 어떠할까? 이 물음은 헤파이스토스-아프로디테-아레스의 삼각관계를 훨씬 더 복잡하고 난해하게 만든다.

혼인 후에도 헤파이스토스는 대부분 렘노스 동굴에서, 아프로디테는 올림포스에서 지냈다. 다만 헤파이스토스와 아프로디테의 구체적인 혼인 생활에 관해서는 몇몇 에피소드를 제외하고는 그다지 알려진 바가 없다. 합리적 직관을 통해 추론해 볼 수 밖에 없다.

　헤파이스토스의 리비도는 인세스트 감정에 묶여 있다. 이런 경향이 강한 남성일수록 아내와의 관계를 어머니와의 관계로 되돌리려 든다. 아내한테 엄마를 요구하는 것이다. 그러니 오이디푸스 삼각관계가 저절로 만들어진다. 아들(나)은 엄마를 사랑하고 엄마는 아빠를 사랑하는 것이 오이디푸스 삼각관계다. 즉 이 구도에서 어머니는 다른 남자와 관계하는 여성이다. 바로 이 자리에, 헤파이스토스 성의 '판도라 상자'가 열린다. 헤파이스토스가 애타게 갈망하는 성은 다름 아닌 불경이다. 자신이 탐하는 여인이 어머니이기에, 자신의 성적 욕망은 나쁘고 혐오스러운 것이 된다. 그러니 욕망하는 자신을 비난하고 경멸하고 수치스러워한다. 이런 자기 비하는 부부 사이에 꽃피는 자연스러운 에로틱한 감정을 죽이고 만다. 참 가혹하다.

　이런 남성들은 대체로 '성녀-창녀 콤플렉스Madonna-whore complex'에 사로잡혀 있다. 여성을 '처녀 아니면 창녀'라는 양극단의 존재로만 생각한다. 어머니는 처녀이며, 자신을 무성 생식의 소산이라 믿는다. 물론 머리로는 아니지만 정서적으로 그렇게 여긴다. 이런 남성들은 대개 스스로 창녀를 찾아다닌다. 내담자와 이야기를 나누다 보면, 자기 꿈에 등장하는 여자는 전부 수녀 아니면 창녀라는 남성들의 진술을 심심찮게 듣는다. 도스토옙스키를 비롯한 대문호들 또한 창녀를 '구원의 여신'으로 그려 내곤 했다. 흥미롭게도 이들 작품 또는 성적 판타지에 등장하는 창녀의 이름은 대개 '소냐'다. 소냐, 즉 '소피아Sophia'는 지혜의 여신이다. 개인의 내면뿐 아니라 문학과 예술에 자주 반복되는 소재인 '창녀-구원자 판타지'는 이런 분열된 여성상에 대한 집단의식의 발로로 보인다. 가부 장제는 몸은 악마시하되 정신만 순결한 여신으로 남겨 두는 이미지를 자연스럽게 받아들이도록 만든 시스템이다. 정도의 차이는 있을지언정, 이 구도에서 온전히 자유로운 개인이 되기란 쉽지 않다.

그렇다면 아레스의 성은 어떠할까? 헤파이스토스와 아레스는 친형제다. 또한 부모로부터 거부당한 아들이라는 공통점이 있다. 둘 다 올림포스 신들로부터 고립된 주변신에 속하는데, 이 둘은 서로가 서로의 그림자다.

헤파이스토스는 난쟁이인데 아레스는 거인이다. 헤파 이스토스의 별칭이 '약한 발' 혹은 '절름발'인데, 이와 대조적으 로 아레스의 발은 날렵하다고 묘사된다. 발을 남근의 상징으 로 볼 때 하나는 성적 취약함, 다른 하나는 성적 강인함을 암시 하는 표현이다. 헤파이스토스는 성적 장애가 있고, 아레스는 지나치게 관능적이다. 신체적으로는 아레스가 우월하다. 평화 주의자이자 휴머니스트인 헤파이스토스에 비해 아레스는 거 칠고 호전적이다. 한쪽은 남성성 결핍, 다른 한쪽은 남성성 과 잉이다. 또한 헤파이스토스의 리비도는 어머니로의 회귀에,

아레스의 리비도는 아버지 세계와의 동일시에 집중되어 있다.

여성들은 남성이나 남성 세계에 대한 두려움 또는 혐오를 주로 아레스적인 것들로부터 떠올린다. 불에 타 그을린 폐허 사이에 피범벅이 된 시체들이 나뒹구는 전장이나 가정 폭력 같은 이미지들이다. 짐승과 별반 다르지 않은 야만 자체다. 문명을 원시로 되돌리는 에너지다.

고대 그리스에서는 아레스의 폴리스 안 접근을 금지했다. 신전도 폴리스 안에 허용하지 않았다. 그렇지만 아레스를 위한 자리는 확실히 존재했다. 아레스의 힘을 가까이하지는 않았지만 존중은 했던 것이다. 원형적 힘은 부인하고 억압한다고 해서 길들여지거나 사라지지 않는다는 걸 고대 그리스인들은 알고 있었던 모양이다. 지금 우리 세상의 풍경을 보자. '아레스'가 발붙일 곳을 아예 없애 버린 우리 모습은 어떠한가?

앞서 말했듯, 의식화하지 않으면 증상으로 만난다. 아레스를 억압하려고만 하니 무법천지나 무정부 상태와도 같은 폭력이 세상에 난무하는 것이다. 청소년의 비행, 묻지 마 폭력, 총기 난사, 각종 반인륜적 잔혹 범죄, 전쟁…. 이에 대한 대책으로 더 많은 감옥을 만들고, 더 강력한 무기를 만드는 것이 현재 우리 상상력의 전부다. 지금을 성이 억압된 시대라고 하나, 심리학에서는 성 이상으로 공격성이 억압된 시대라 강조한다. 문명인의 최대 그림자가 바로 아레스다. 아레스를 부인해도 문제고, 가까이해도 문제다. 그러니 제대로 아는 것이 최선일 것이다. 알면 위협에 훨씬 현명하게 대처할 수 있을 뿐 아니라 자신의 힘을 제대로 쓸 자리를 마련할 수 있기 때문이다. 이제 이 위협적인 힘을 존중하며 적절히 사용할 수 있게 하는 비밀의 실마리를, 아레스와 아프로디테의 관계 이미지를 통해 읽어 내 보자.

아레스에게서는 '마초macho'나 '불리bully'가 드러내는 과장된 힘과 불안이 느껴진다. 허세 특유의 인공적인 냄새가 풍기기 때문이다. 이는 아버지의 거절과 외면이라는 상처에서 기인한다. 제우스는 노골적으로 아레스를 싫어하고 무시한다. '네가 내 아들만 아니었어도 타르타로스로 던져 버렸을 것' '신들 중 가장 혐오스러운 신'이라는 말을 아레스에게 수시로 내뱉었다. 그러니 아레스 힘의 정체는 아버지로부터 물려받고 지지받은 건강한 힘이 아니라 센 척, 강한 척하며 아버지를 모방한 힘일 뿐이다. '가짜 남자'의 힘에 숨어 타인들의 상처를 자극하는 아레스가 버겁고 혐오스럽게 느껴지는 것은 당연하다. 그렇지만 용기가 아닌 만용이나 방자한 허세, 이는 진정한 힘의 발현이 아니라 상처의 울부짖음이다. 또한 상처의 크기만큼 파괴적일 수 있다. 우리에게 면역조차 없어 보이는 이 원시적인 파괴력 또한 부인할 수 없는 인간 정신의 한 부분이기에 제대로 알 필요가 있다. 이제부터 과장된 남성성을 대표하는 아레스와 과장된 여성성을 대표하는 아프로디테가 어떻게 연인으로 엮이는지 살펴보자.

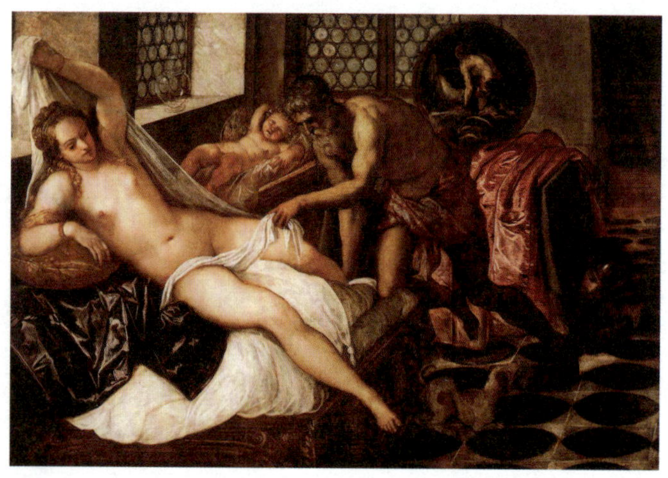

헤파이스토스는 아레스와 아프로디테가 동침한다는 소식을 듣고는, 대장간에서 보이지 않는 그물을 만들어 자기 침대 기둥에 묶어 둔다. 아레스가 부부의 집 안으로 들어와 아프로디테의 손을 잡고 침대로 유혹한다. 헤파이스토스는 렘노스로 떠났고, 둘은 침대에 눕는다. 눕자마자 헤파이스토스의 그물에 묶여 버린 둘은 사지를 움직일 수조차 없게 되

었다. 이때 헤파이스토스가 비통한 마음으로 집에 돌아와 고함을 지르며, 나체로 그물에 매여 있는 부정한 둘을 모욕하기 위해 다른 신들을 불러 모았다. 그러고는 아프로디테에게 구혼할 때 주었던 선물들을 모두 돌려받기 전에는 올가미를 풀어 주지 않을 거라 말한다.

그동안 내가 네게 주었던 것들을 모두 돌려 달라는 이런 '물품 반환 의식'은 예나 지금이나 분노하고 좌절한 남자가 보이는 전형적인 행동인가 보다. 이에 대해, 관계의 핵심이 '소유'라고 보는, 마치 아테나 여신 같은 냉철한 판단은 지나치게 가혹할지도 모른다. 판단의 칼을 거두고 지혜로운 공감의 시선으로 바라보자면, 사람은 누구나 상처받고 취약해지는 순간에 자신의 그림자를 노출시키는 법이다.

헤파이스토스의 질투는 한마디로 유치하다. 또한 질투는 떠벌리기를 좋아하는 감정이다. 배신이라는 오래 묵은 상처가 덧나자 점잖고 과묵한 휴머니스트 헤파이스토스의 페르소나에 구멍이 뚫리고 만다. 헤파이스토스는 홀라당 벗은 채 그물에 묶여 매달린 둘을 향해 한목소리로 조롱과 손가락질을 퍼부어 주기를 기대하며 신들을 불러 모은다. 그러자, 현장에는 남신들만 나타났다고 신화는 전한다. 헤파이스토스는 끓어오르는 분노에 대한 심정적 연대를 기대한다. 자신과 함께 그 둘을 나쁘고 부정한 자들로 여기기를 바란다. 그런데 모인 신들은 오히려 부정을 저지른 그 둘이 아닌 헤파이스토스를 비웃는다. 이 신화 이미지는 무엇을 의미할까?

아프로디테와 아레스는 각각 성과 공격성을 의인화한 신이다. 아레스는 결코 아프로디테를 강제로 취하지 않는다. 살육이 벌어지는 전장에서 아프로디테의 침실로 돌아오면 아레스는 순한 양이 된다. 전장의 폭력과 파괴 대신에 열정적인 침대 위 전투가 벌어질 뿐이다. 이들 사이에서는 네 자녀가 태어난다. 데이모스Deimos(두려움), 포보스Phobos(공포), 하르모니아Harmonia(조화), 에로스Eros(사랑)이다.

불같이 뜨거운 에너지 둘이 만났으니 두려움과 공포가 태어나리라는 것은 예측이 가능하다. 그렇지만 하르모니아와 에로스는 예상 밖이다. 사랑과 전쟁, 전쟁과 평화라는 구도에 익숙한 우리에게 이 조합은 의아하다. 우리는 사랑으로 전쟁을 방지하고, 전쟁 없는 평화를 만들려 수천 년 동안 애썼다. 이분법적 접근은 하나로 다른 하나를 없앨 수 있다고 주장한다. 그러나 현재 세계 곳곳에서 벌어지고 있는 전쟁을 보면, 우리의 전략은 실패임을 인정해야 할 듯하다. 여전히 전쟁 없는 평화는 실패 중이다. 그런데 고대 그리스인들의 접근은 우리와 전혀 달랐다.

고대 그리스인들은 아프로디테와 아레스, 즉 성과 공격성 혹은 사랑과 전쟁의 구도에서 하나가 다른 하나를 몰아내길 원한 것이 아니라 이 둘 사이의 절묘한 균형을 찾으려 했다. 하르모니아의 탄생에는 바로 이런 의미가 내포되어 있다. 가장 감당하기 어렵고 또 가장 매혹적인 원초적 에너지들이 결합해 두 에너지 사이 균형이 이루어지자, 비로소 진정한 '조화'가 탄생했다. 고대 그리스인은 평화를 수호하며, 모두가 공존하기 위해서는 아레스도 아프로디테도 모두 배격해선 안 되는 필수 에너지들임을 이해하고 있었다.

평화를 위해 파괴적 힘과 공격성을 억압해야 하는가? 이 난제는 세상 모든 생명의 생존과 안녕을 위해 반드시 풀어야 할 과제다. 아직은 막연하게만 느껴진다. 하지만 몇천 년 동안 실패해 온 이분법적 접근보다는, 아레스의 야만적 힘을 문명적 우아함을 존중하는 아프로디테가 순화시키며 두 힘이 절묘한 균형에 이르자 하르모니아가 탄생한다는 신화 이미지가 훨씬 설득력 있어 보인다. 드디어 오랜 난제를 풀 수 있는 실마리를 얻은 듯하다.

헤파이스토스와 디오니소스

나자마자 렘노스로 버려진 헤파이스토스다. 대리모의 보살핌으로 거듭나게 된 헤파이스토스는 자신의 천부적 재능을 깨닫고 동굴 불 앞에서 쉼 없는 풀무질로 천품을 탄생시키는 장인이 되었다. 이런 헤파이스토스가 마침내 올림포스로 귀환한다. 12신 중 하나로 당당하게 자기 자리를 찾게 된다.

헤파이스토스의 근원적 상처로 다시 돌아가 보자. 복수심으로 어머니 헤라를 묶어 공중에 매달아 놓고는 풀어 주라는 신들에게 '나는 엄마가 없다'며 맺힌 응어리를 토해 낼 정도였다. 이 장면에서, 누가 누구를 묶어 놓았나? 헤파이스토스는 자신을 버린 어머니를 묶어 매달았지만 자신 역시 복수심에 묶여 있다.

올림포스 신들은 이 사태를 해결하기 위해 아레스를 렘노스로 보낸다. 힘이 세고 신체적으로 우세한 아레스에게 헤파이스토스를 강제로라도 끌고 오라고 시킨 것이다. 그러자 헤파이스토스의 오랜 분노가 화산처럼 폭발한다. 헤파이스토스는 점잖고 싸움을 싫어하는 내향적인 성격이다. 그런 그의 내면에 마치 방화광 같은 폭발적 분노가 숨겨져 있었다는 걸 온 세상이 알게 되었다. 헤파이스토스는 아레스에게 펄펄 끓는 용광로를 집어 던졌고, 아레스는 혼비백산하여 달아난다. 이 광경을 올림포스산 위에서 내려다보던 신들은 다음으로 디오니소스를 내려보낸다. 디오니소스 신은 힘이 아닌 술책을 쓴다.

그는 포도주의 신답게 헤파이스토스에게 술을 먹인다. 이전에 술이란 걸 본 적도, 술에 입술을 적신 적도 없던 헤파이스토스다. 한 모금 넘기고 다시 한 모금, 마취제가 온몸으로 퍼지듯 나른해지다 완전히 뻗는다. 디오니소스는 인사불

성인 헤파이스토스를 당나귀 등에 실어 올림포스로 데려간다. 도자기 회화에 빈번히 등장하는 장면이다.

이 상황에 디오니소스의 개입은 그야말로 신의 한 수다. 헤파이스토스는 '묶는 자'다. 헤라를 의자에 묶었고, 아프로디테를 그물로 묶었으며 자신마저 복수심으로 묶는다. 반면 디오니소스는 '푸는 자'다. 디오니소스의 별칭 중 하나가 '느슨하게 하는 자loosener'이다. 디오니소스가 함께하는 자리에서는 누구든 혀가 풀리고 가슴이 풀어헤쳐지며 위계가 무너지고 질서가 흐트러진다. 긴장과 경직의 대명사인 헤파이스토스의 강박을 느슨하게 풀어 내니, 디오니소스는 또한 해방자이다.

이 두 신 모두 여신이나 여성과의 관계가 중요하다. 헤파이스토스는 여신을 시기하고 여신처럼 되려 한다. 그렇지만 너그러운 어머니와 같이 안전하게 느껴지는 몇 여신들을 제외하고는 가까이 다가가지 못한다. 반면 디오니소스는 늘 여성들에 에워 쌓여 사는 신이다. 뭇 여성들의 사랑을 독차지하여, 여신과 여인이 자원해서 그를 돌보려 든다. 포동포동한 살결에 생각도 몸짓도 부드럽고 사랑스러워 어린아이를 연상시키고 모성 본능을 자극한다. 헤파이스토스는 언제나 자신을 억누르며 상황을 통제하려 든다. 반면 디오니소스는 매 순간 탄력적이다. 헤파이스토스가 고독과 침묵을 사랑하는 반면 디오니소스는 시끄럽고 왁자지껄한 난장을 사랑한다. 심리 치유의 관점으로 이 신화 이미지를 보아도, 디오니소스를 보내 헤파이스토스를 다루려 한 올림포스 신들의 선택은 가히 신응神應에 해당하는 치료법이다.

올림포스로의 귀환은 헤파이스토스에게 통과 의례다. 세상에서 자신의 바른 자리를 찾으며, 자신의 진정한 가치와 삶의 의미를 이해하는 것이 바로 통과 의례의 본래 뜻이다.

비록 술에 취해 실려 오기는 했지만, 그토록 두려워하던 본능의 힘에 의존해 멀찌감치서 바라만 보던 올림포스로 입성한다. 헤파이스토스는 그때 비로소 어머니 헤라의 수갑을 풀어 준다. 묶는 자 헤파이스토스가 푸는 자가 된다. 어머니 콤플렉스의 손아귀에서 스스로 놓여난다. 드디어 아들이 아니라 한 사내로서 여성을 사랑하고 또 사랑받을 준비가 되었다. 아프로디테의 남편 자리도 되찾을 것이다.

본래 어머니와 자녀는 한 몸이었다. 성장기의 어느 시점이 되면 아버지가 개입하여 어머니-자녀 이중단일체dual unity에 틈을 벌려 주어야 한다. 그래야 자신을 스스로 재규정할 수 있게 되며, 그렇게 자란 아이가 훗날 다른 여인을 만나 사내가 되는 것이 전형적인 남성의 성장 모델이다. 그런데 헤파이스토스는 어머니와의 애착에서부터 문제가 있었다. 아버지의 건강한 개입도 부재했다. 그러니 전형적인 남성 성장 모델이 헤파이스토스에게 적용될 리 없었다.

리비도가 내면을 향해 있어 자신의 몸과 영혼을 공격하는 헤파이스토스다. 자기 혐오와 비난과 수치심이 가혹하다. 이런 경향의 남성들은 자살 고위험군에 속한다. 그러니 디오니소스 해방자는 헤파이스토스의 자살도 막은 셈이다. 동물적인 본능을 억압하는 것보다 통합하는 일이 훨씬 더 큰 용기를 요하는 법이다. 당나귀를 탄 헤파이스토스의 이미지는 그가 남근의 원초적 힘과 육체적으로 밀착하여, 무의식을 의식화하는 여정에 들어섰음을 상징한다. 당나귀는 동물적 본능이다. 특히 남근의 힘을 상징하는 대표적인 동물이다. 강하고 우직하며 고집이 세기로도 유명하다. 짝짓기를 위해 너른 영역 관리를 하는 것으로도 잘 알려져 있다. 서양에서 흔히 쓰는 욕, 'ass'나 'jackass'도 본래 당나귀를 뜻하는 말이다. 스스로 통제하고 억압하는 헤파이스토스가 주신 디오니소스의 도움으로 그토록 두려워하던 본능의 힘에 온전히 자신을 내맡긴다. 올림포스로의 여정은 헤파이스토스에게는 곧 본능이 이끄는 여정인 것이다. 그 여정에서, 본능의 신이자 몸의 영성을 대변하는 디오니소스 신이 고삐를 잡고 끌어 준다.

앞서 말했듯 각 신은 저마다 고유하다. 그렇다고 단독으로 존재하는 법은 없다. 개성도 기질도 각기 다르지만, 서로를 배제하지 않는다. 각 신마다의 고유한 존재 방식을 존중하며 상호 배타적이지 않다. 신들은 서로를 필요로 한다는 게 정확한 표현일 것이다. 헤파이스토스의 해방에는 디오니소스의 도움이 절실했다.

디오니소스는 술과 황홀경의 신이다. 디오니소스에게는 헤파이스토스를 얽매고 있는 어머니나 아내에 대한 양가감정, 그로 인한 긴장이나 갈등 같은 것이 전혀 없다. 헤파이스토스를 고통스럽게 하는 성에 대한 죄책감이나 수치심 또한 없다. 디오니소스는 여성에 대한 혐오나 두려움이 없는, 오히려 여성성의 풍요가 넘쳐나는 신이다. 그렇다고 '여자 같은 신'은 아니다. 디오니소스 신의 대표 상징은 바로 거대한 남근이다. 신화학자들은 디오니소스를 남신이자 여신인 양성의 신으로 간주한다.

디오니소스 통과 의례는 다른 어떤 의례보다 고통스럽기에 안전한 가이드가 필수적이다. 헤파이스토스 유형의 남성들에게는 '놓아 버림'과 '내맡김'에 대한 면역이 전혀 없다. 오직 죽을 힘을 다해 통제하고 밀어붙이는 것만이 유일한 삶의 방식이었기 때문이다. 여기서 우리는 억압이 아닌 통합만이 건강한 자아로 나아가는 길임을 다시금 확인하게 된다. 신화의 이미지들은 언제나 우리 삶의 좌표가 되어 성장의 방향을 제시하고 깊은 영감을 불어넣는다.

현대인의 가장 억압된 세 그림자

아레스를 공격성, 아프로디테를 성, 헤파이스토스를 창의력의 의인화로 볼 때 이 셋은 현대인의 가장 억압된 그림자들이다. 현 세상이 직면해 있는 여러 위기는 그 어느 때보다 인간의 상상력과 창의력을 요구한다. 그러므로 이 강력한 원형 에너지들을 의식으로 끌어올려 통합하는 것이 각 개인에게 주어진 과제이자 시대적 요청일 것이다.

이들의 삼각관계처럼 세 에너지는 서로 밀접하게 연관되어 있다. 심리 치유 작업이 진행되는 과정에서 관찰되는 자연스러운 흐름이 있는데, 개인의 그림자를 규명하는 작업을 어느 정도 진행하다 보면 공격성을 만나는 시점에 이르게 된다. 과하게 순종적이거나 수동적이던 사람이 화를 내고 자기주장을 하기 시작한다. 상담자를 향해 공격성을 표출하기도 하는데, 가둬 두었던 에너지의 봇물이 터질 때 그 분출력은 어마어마하다. 이때 내담자에게서 공통적으로 성 에너지가 풀려난다. 내담자는 온몸에서 요동치는 성 에너지를 체험하게 되는데, 오래도록 성적 접촉 없이 살던 사람의 몸에서 성적 생명력이 살아 움직이고 요동친다. 이 순간을 자신이 되살아나는 느낌이라 말한 내담자가 있다. 적절한 표현일 것이다. 낯선 감각에 당황스러울 수 있지만, 무의식의 힘들을 의식화하는 과정에서 엄청난 생동감과 자유를 만끽하게 된다. 이후엔 마침내 자신의 힘을 제대로 인식하게 되는데, 이는 무력함을 위장한 가짜 힘과는 비교할 바가 아니다. 인간 누구에게나 마땅한 힘을 찾고 체험하는 순간은 늘 경이롭게 다가온다. 상담자로서, 진짜 자신이 되어 가는 과정을 목격하는 것보다 더한 기쁨이 있을까 싶다.

건강한 공격성과 살아 있음을 느끼게 하는 성 에너지가 회복되면 비로소 창조력과 열정도 제 모습을 드러낸다. 전에는 상상하지도 못했던 무언가가 하고 싶어진다. 몸 안에서 아지랑이가 피듯 손이 근질근질해지고, 모두 한결같이 '이렇게 재미있는 게 있는지 몰랐다' '시간 가는 줄 모르고 한다'며 도자기, 요리, 바느질, 만화 그리기, 글쓰기, 목공 등 저마다의 놀이를 즐긴다. 태어나기를 기다려 오던 예술가가 드디어 세상으로 태어난다.

인간은 본래 어려움이 클수록 해결책을 찾으려는 열망도 강해지는 법이다. 아레스, 아프로디테, 헤파이스토스는 현시대의 그림자 원형들이라 했다. 융의 말을 상기해 보자. '구원의 열쇠는 그림자 속에 있다.' 개인 차원이든 집단 차원이든 아레스, 아프로디테, 헤파이스토스 트리오를 의식의 세계로 소환해 존중하는 것이 지금 나와 우리에게 구원의 길이 되어줄 것이다.

상처로 신음하는
남성 속의 헤파이스토스

헤파이스토스의 몸에는 버려지고 거절당한 상처가 고스란히 각인되어 있다. 상처로 신음하며, 어떻게든 그 상처를 숨기거나 가려 보려 애쓰는 수많은 남성들에게서 헤파이스토스를 만난다. 신화는 헤파이스토스가 타고난 장애 때문에 거절당했다고 묘사하지만, 거꾸로 거절당해 장애를 가지게 되었다고 보면 어떨까? 이 시각이 훨씬 울림이 크다.

　미국에서 남성성 운동을 이끄는 어떤 사람으로부터 들은 일화다. 반려묘를 키우는 한 남성이, 어미 고양이가 새끼를 낳아 온몸을 혀로 핥아 주는 모습을 보다가 눈물이 터졌다는 것이다. 그는 일평생 그 누구도 자기 몸을 어루만져 주거나 쓰다듬어 준 기억이 없다고 했다. 나 또한 남성 내담자와 상담을 시작하고 그가 자신의 내면 이야기에 익숙해질 즈음엔 지금껏 자신을 오롯이 지지하고 격려해 준 사람이 단 한 사람도 없었다는 고백을 이따금 듣곤 한다. 무수한 남성들이 렘노스의 척박함과 외로움을 견디며 살아 내고 있나 보다.

　헤파이스토스의 삶은 버겁지만 숭고하다. 열등과 추함 또한 신의 본질이기에 신성하다는 신화의 가르침은 더 이상 결함을 숨기려 괜찮은 척 위장을 하지 않아도, 못난 나를 혐오하거나 이런 내 모습을 세상에 들키지 않으려 애쓸 필요도 없다고 말해 주는 듯하다. 장애도 나라는 고유한 존재의 표식일 따름이다. 이렇게 나의 취약함을 인간다움으로 이해하면 타인의 장애나 결점도 자연스레 수용할 수 있게 된다. '신성한 장애'란 신화 이미지는 상처의 심오한 의미를 들여다보게 할 뿐 아니라 인간다움의 품을 넉넉하게 키워 준다.

　헤파이스토스 삶의 핵심은 상처에 대한 헌신으로 보인다. 지난한 세월, 그는 온 힘을 쏟아 담금질과 망치질로 천품들을 탄생시키는 과정에서 자기 자신을 천공으로 빚어 냈다.

결국 우리에게 절실한 것도 자기 상처나 장애에 대한 헌신이 아닐까? 이런 태도야말로 최선이며 또 삶에 대한 예의 같다.

상처나 장애가 사라지지는 않을 것이다. 그렇지만 그것들이 추한 게 아니라 특별함이고 신령함이라는 시각은 새로운 눈을 뜨게 한다. 나의 열등함과 추함마저 귀하게 보듬는 진정한 자기 수용을 배울 수 있을 것 같다. 헤파이스토스가 렘노스를 떠나 올림포스에서 제자리를 되찾았듯, 우리 역시 자기 소외와 고립이라는 자기 감금에서 벗어나 본연의 참 터전을 찾아 그에 합당한 영광을 누리게 될 것이다. 발터 F. 오토가 말했듯 비로소 찾아온 마음의 자유와 평안, 그 안으로 스며들 관계의 풍요와 삶의 다채로움은 그간 어둠에 싸여 드러나지 않았던 새 세상의 문을 활짝 열어 줄 것이다. 그리고 그 열림의 맛은 자유와 기쁨일 것이다.

3장
아폴론

멀리서 빛나는 아름다운 신

영원한 젊음을 상징하는 아폴론은 순수하고 아름답다. 고요하고 숭고하여 가까이 다가가기 쉽지 않다. 우리에게는 태양빛을 닮은 황금빛 머리칼 위로 월계관을 쓴 미소년의 이미지로서 친숙하다. 아폴론은 수염 없이 말끔하고 투명한 피부에 주름 없는 얼굴, 반듯한 이목구비를 지닌 '조각 미남'이다. 몸 또한 매끈하고 탄력 있어 과하지 않은 건강미를 풍긴다.

매사에 침착하고 밝은 빛과 같은 생각을 지닌 아폴론은, 합리와 이성을 숭상하는 시대의 아이콘이었다. 오랫동안, 그리고 지금까지도 인류가 염원하고 지향해 온 이상이기도 하다. 그러니 인류의 지난 2000년은 아폴론의 지배 아래 있었다고 해도 과언이 아니다.

'멀리 쏘는 자'라는 별칭이 말해 주듯, 먼 거리에서도 정확하게 과녁을 꿰뚫는 화살이 아폴론을 대표하는 상징이다. 아폴론은 민첩하고 예리하게 목표물을 명중시킨다. 여기서 '멀리'는 아폴론의 특질을 집약하는 아이디어다. 멀고 높은 곳이 바로 아폴론의 자리이고, 해마다 멀리서 와서 먼 곳으로 철회하는 신이다. 신들 사이에서도 아폴론은 일정 거리를 유지한다. 《일리아스》에서도, 기나긴 트로이 전쟁 동안 분쟁에 가급적 얽히지 않으려 애쓰는 모습이 자주 눈에 띈다.

이런 아폴론이 싸움에 앞장서는 경우가 있다. 거인, 켄타우로스, 아마존 같이 무질서와 혼돈을 불러일으키는 존재들과는 맞서 싸운다. 평소에는 무엇과도 거리를 두는 아폴론이 살육과 무차별적 파괴가 자행되는 이런 '원시적 전투'에 참여하는 이유는, 아폴론이 싸우는 적들이 바로 그가 혐오하는 힘이기 때문이다. 아폴론은 카오스를 싫어하고 무질서를 견디지 못한다. 동공 풀린 눈, 흐느적거리는 몸, 혀가 꼬일 정도의 만취 상태, 욕망으로 뒤엉켜 있는 자들의 끈적거림을 끔찍하게도 싫어한다.

아폴론은 언제나 높은 산정에서 고고하게 아래를 내려다보며 명료함과 객관성을 유지하려 든다. 이런 경향은 아폴론의 몸에서도 드러나는데, 신체에서 가장 높은 자리인 머리로 하는 사고가 아폴론 의식의 핵심이다. 복잡하고 통제가 어려운 감정과는 굳건한 담을 쌓고 산다. 그러니 머리가 가슴을, 생각이 감정과 감각을 억누른다. 대표 성소인 델포이 신전도 아폴론의 이러한 특질을 잘 보여 주는 공간이다.

델포이 신전은 높고 척박한 바위산 파르나소스산 중턱에 위치한다. 신전 뒤쪽에는 '페드리아데스'라고 불리는 두 개의 거대한 절벽이 우뚝 솟아 있어 장엄한 풍경을 자아낸다. 고대 그리스인은 이 지역을 '옴팔로스omphalos', '지구의 배꼽'이라 불렀다. 이곳에 가면, 여기가 세상에서 가장 멀고 높은 곳이라는 느낌이 절로 든다. 하늘에 맞닿을 듯 솟아오른 절벽 위에서, 신전은 조용히 그 위엄을 과시한다. 도시의 화려한 초고층 건물이 그러하듯, 주변과의 조화를 고려한 건축이라기보다 그저 '아폴론다움'이 솟구친다. 실제로도 쉽게 접근하기 어렵거니와, 신전 자체도 어떤 배타성을 내뿜고 있다. 땅,

몸. 물질, 자연에서 멀찍이 떨어져 있는 '순수 추상의 세계'가 바로 아폴론이 지향하는 바임을 만방에 선포하는 듯하다.

신전 박공벽에 새겨진 글귀에서도 '아폴론이 누구인지'가 뚜렷이 드러난다. '너 자신을 알라'는, 소크라테스가 유행시킨 이 말은 본래 아폴론의 것이다. 자신의 한계를 알고, 우주와 사물의 질서 안에서 자신의 위치를 정확히 인식하라는 뜻이다. 결국 '너는 신이 아닌 인간이니 주제 파악하고 분수 지키라'는 명료한 선 긋기다. 정확한 경계 설정 또한 아폴론의 핵심 특질이다. 아폴론은 물리적으로든 정신적으로든 애매하게 선을 넘나들거나 경계 너머에 함부로 침입하는 행위를 금기시하는 신이다.

서양 철학에서 아폴론과 디오니소스의 대비는 널리 알려진 개념이다. 아폴론은 침착하고 이성적인 올림포스 신이고, 디오니소스는 정서적으로 불안정한 침입자로, 디오니소스에게 결핍된 것을 아폴론에게서 찾을 수 있다는 도식이다. 그런데 델포이의 아폴론 신전이나 바사이Bassae의 에피큐리우스 신전 등, 그리스 신전들은 이런 이분법적 사고가 그저 관념일 뿐임을 선명하게 말해 준다.

고대 그리스인은 다신 체제의 우주를 상상했다. 델포이 아폴론 신전도 다신관에 기반한 신들의 관계를 선명하게 보여 준다. 언덕 위쪽에는 고대 극장이 자리하는데, 성소 입구에서는 잘 보이지 않지만 높은 곳에 부채꼴 모양으로 펼쳐져 있어 신전과 성소 전체를 아우르는 듯하다. 이 자리에서 디오니소스 축제가 열렸다. 앞쪽 신전에서는 명료함과 객관성을 상징하는 아폴론 숭배가 이루어졌고, 뒤편의 극장에서는 복잡하고 애매하게 뒤얽힌 인생사를 다룬 희비극 드라마가 상연된 것이다. 이 배치가 결코 반목으로 보이지 않는다. 이렇듯, 아폴론과 디오니소스의 연결은 그리스 종교에서 중요한 의미를 지닌다. 둘의 관계에 대해서는 '한 신이 다른 신을 불러낸다'는 표현이 훨씬 적절할 것이다. 두 신은 서로 배타적이지 않으며, 둘의 경계 또한 철학자들이 말하듯 이분법으로 명쾌하게 나뉘지 않는다. 아폴론은 치솟고 디오니소스는 아우르며 둘은 함께한다.

　　호메로스는 아폴론을 '어두운 밤처럼 다가오는' 신으로 묘사한다. 실제로 신화는 아폴론의 어머니 레토와 어둠, 늑대의 연관성을 전하고 있다. 신화에 의하면 레토가 아폴론을 출산하기 위해 델로스에 도착했을 때 제우스가 레토를 늑대로 변신시켰다고도 하고, 레토가 소아시아의 '늑대의 땅' 리키아Lycia에서 왔다고도 한다. 이는 아폴론이 오직 밝은 빛만을 상징하는 신이 아니라 그보다 훨씬 복잡한 신임을 알려 주는 대목이다. 늑대는 새벽이나 황혼, 빛과 어둠의 경계에서 활발히 활동하는 동물이다. 늑대만이 볼 수 있는 어슴푸레한 여명 또한 아폴론의 빛이다. 아폴론은 목가적이지만 목동보다는 사냥꾼에 가깝고, 치유의 신이면서도 도시에 역병을 퍼뜨리며, 법과 질서를 부여하는 신이면서 동시에 살해자이기도 하다. 밝은 빛으로 상징되는 순수와 이성의 신이지만, 트랜스 상태에서 행해지는 신탁과 예언 또한 아폴론의 영역이다.

아폴론은 자신과 어머니의 목숨을 끊임없이 위협한 거대한 용 피톤을 무찌르고 자신의 자리를 확립한다. 전형적인 서양 영웅 이미지다. 앞서 말했듯, 인류 의식이 진화하는 과정 중 최근 2000년은 아폴론의 영향이 지대했다. 카오스를 물리치고, 땅과 물질과 무의식에서 분화되어 빛으로 향하는 이성은 인류에게 주어진 특별한 선물이다. 또한 아폴론이 추구하는 초월성과 영원성은 남성적인 종교의 토대이기도 하다. 그런 의미에서 아폴론은 현재의 우리를 이해하는 데 특히 중요한 신이다.

섬에서 태어난
아폴론

출산 시기가 다가오자, 헤라의 방해와 핍박으로 이리저리 떠돌던 여신 레토는 고생 끝에 델로스섬에 닿게 된다. 당시 델로스는 심연에서 솟아나 떠다니는 섬이었다.

레토는 이 섬을 출산 장소로 택하고 네 개의 기둥을 받쳐 델로스를 바다 위에 고정시킨다. 이후 델로스는 '어두운 땅 위에서 멀리 빛나는 별'이라 불렸다. 섬사람들은 레토에게 서 태어날 신이 매우 강력한 힘을 지니게 될 거라는 예언이 두려워 처음엔 레토를 받아들이지 않으려 했으나, 여신이 델로스의 부를 약속하자 산모를 받아들인다. 혹은 태중에 있던 아폴론이 섬사람들에게 '델로스에 자신의 첫 신전을 짓겠다'는 약속을 했다고도 전한다.

레토의 진통은 아흐레 낮 아흐레 밤 동안 지속되었고, 그러는 동안 헤라를 제외한 여신들이 전부 모여들었다. 레토는 처음엔 자신을 돕지 않으려 했던 출산의 여신 에일레이티이아를 설득해 섬 중앙에 있는 종려나무를 부여잡고 겨우 출산한다. 에일레이티이아가 발아래 목초지를 향해 나오는 아폴론을 받았다고도 하고, 먼저 태어난 아폴론의 누이 아르테미스가 출산을 도왔다고도 한다.

레토는 아기를 맑은 물로 목욕시킨 후, 흰옷을 입히고 강보에 감싸 황금 끈으로 묶는다. 젖이 나오지 않자 여신 테미스가 넥타르와 암브로시아를 아기에게 먹였는데, 신들의 음식을 맛보자마자 아폴론은 강보를 스스로 찢어 버리고 단숨에 청년으로 성장한다. 그러고는 수금竪琴과 화살을 달라고 한다. 이후 델로스섬 전체가 황금빛으로 빛나더니 꽃들이 만발하고 백조들이 섬을 돌며 노래를 부른다. 섬에 있던 올리브나무와 종려나무도 황금으로 변한다.

레토(혹은 아폴론)의 약속 때문인지 델로스는 과거 매우 부유한 땅이었다. 노예 시장이 활발했으며, 기원전 5세기경 페르시아에 맞서기 위해 결성된 델로스 동맹 회의가 열린 곳이기도 했다. 막대한 부가 쌓여 있었다는 동맹의 금고도 이곳에서 보관되었다. 지금은 그리스 본토에서 멀리 떨어진 작은 섬에 불과하지만 신전이나 주거지, 창고 등 지금까지 섬 전체에 즐비하게 남아 있는 유적들만 보아도 델로스가 누렸던 영화를 충분히 짐작할 수 있다.

※ 기원전 7세기 말경 아폴론에게 봉헌된 델로스의 사자상 테라스. 한때 에게해의 중심이었던 델로스의 영광과 위엄을 잘 보여 준다. (사진: Bernard Gagnon, Wikimedia Commons, CC BY-SA 3.0)

아폴론의 어머니 레토는 그리스 신화에서 데메테르와 함께 가장 모성애가 도드라지는 여신이다. 그중에서도 레토는 무척 다정하고 온화한 어머니였다. 플라톤은 레토의 이름을 '기꺼이 할 의지willing'라고 풀어 냈는데, 이는 레토가 도움을 청하는 그 누구든 기꺼이 돕는 신이라는 의미를 담고 있다.

레토는 우라노스와 가이아의 손녀로, 티탄 신족인 포이베와 코이오스의 딸이다. 아폴론의 유명한 별칭인 '포이보스 아폴론Phoibos Apollon'은 바로 할머니의 이름에서 유래한 것이다. 포이베라는 이름은 '정화하는 자' 혹은 '순수한 자'라는 의미인데, 아폴론의 오염을 정화하고 죄를 사하는 힘이 모계 유전임을 알 수 있다. 또한 앞서 레토와 늑대, 어둠과의 연관성을 이야기했다. 태양처럼 찬란한 빛의 아폴론이 지닌 어두운 면모 또한 표층에는 잘 드러나지 않는, 어머니 뿌리로부터 내려오는 특질이다.

아폴론과 아르테미스의 탄생 신화는 인류의 의식 발달 과정에 중요한 이미지를 제공한다. 만물의 근원이자 우주의 양수인 바다에서 새로운 땅이 탄생한다는 모티프는 창조 신화에 자주 등장하는 신화소다. 이는 무의식 속에 잠겨 있던 것들이 의식의 차원으로 떠오르는 과정의 은유이기도 하다. 아폴론 탄생 이전 인간 의식에는 화살같이 예리하게 어둠을 가르는 빛처럼 명료한 사고, 즉 이성과 합리는 존재하지 않았거나 충분히 발달하지 못했다. 델로스섬이 바다로부터 태어나는 이미지와 아폴론이 상징하는 이성적 사고가 탄생하는 이미지는 서로 겹쳐진다. 또한 델로스가 본래 심연에서 떠올라 바다 위를 부유하던 섬이었으나 기둥을 박아 단단히 고정되었듯, 이는 찰나의 순간 의식의 수면 위로 떠올랐다가 다시 모호함 속으로 사라져 버리곤 하던 것들이 마침내 의식 세계에 확고히 뿌리내리게 되는 의식화 과정의 은유다.

섬을 뜻하는 영어 'island'가 '아일랜드'로 발음된다는 것은 흥미롭다. 말 그대로 '아이(나)'와 '랜드(땅)'다. '나'가 강조되는 땅, 섬은 내가 우주의 중심인 고립된 세계다. 외롭고 고독할 수밖에 없다. 앞서 말한 델포이 성소의 배타성, 평생 빛나야 하고 강인함을 과시해야 하는 존재인 아폴론의 강박이 출생 이미지에서부터 그려진다.

'멀리서 빛나는 별'이라는 의미의 델로스처럼, 아폴론의 황금빛 지성은 찬란하다. 인류 의식에서 아폴론의 탄생과 과학의 발전은 불가분의 관계다. 과학 기술의 발달로 이룩한 현 인류의 물질적 풍요는 바로 아폴론의 선물이며, 델로스는 아폴론 이해의 첫 출발지이다.

용, 땅, 어머니, 그리고 아폴론

피톤Python 혹은 피토Pytho는 가이아 여신에게서 저절로 태어난 딸로, 지구의 배꼽 옴팔로스를 지키며 신탁을 관장해 왔다. 아폴론은 활로 피톤을 죽이고 그 시체를 묻은 자리 위에 자신의 신전을 세운 뒤, 신탁이 본인의 것이라며 소유권을 주장한다.

아폴론이 피톤을 죽인 후 발아래 시체를 밟고 서서 승

아버지 없는 세상의 아들들 ✦ 아폴론

리를 외치는 영광의 이미지는 우리에게도 친숙하다. 많은 예술가들이 이 장면을 다양한 형태의 예술로 탄생시켰다. 서양 신화와 전설에서 용이나 뱀을 물리치는 과업은 신과 영웅이 반드시 거쳐야 할 통과 의례처럼 등장한다. 마치 '용 살해'가 영웅적 행위의 정점이라는 공식이 성립하는 듯하다. 아폴론이 피톤을 죽이는 장면이 이 원형의 시초는 아니지만, 고대의 원형을 간직한 가장 대표적이고 널리 알려진 이미지라는 점은 분명하다.

용은 신화적 동물이다. 우리에게 보다 친숙한 뱀이나 구렁이와는 좀 다르게 다가온다. 하지만 서양은 물론이고 동양 신화에서도 용과 뱀 이 둘은 상호 치환이 가능하다. 우리나라만 해도 용소龍沼에 얽힌 전설들은 대체로 뱀과 관련된 이야기이다. 용이든 뱀이든, 이 크고 강력한 동물은 인간 정신의 어떤 면을 상징하기에 반드시 무찔러 극복해야만 하는 대상으로 비유되어 온 것일까? 용을 살해한다는 것이 뜻하는 바가 무엇인지 좀 더 구체적으로 들여다 보자.

뱀도 용처럼 신화적인 동물이다. 뱀의 핵심은 온몸을 땅에 붙이고 기어간다는 점이다. 땅과의 밀접함이 두드러진다. 땅의 표면보다는 그리스어 '크토닉chthonic'이라는 말이 뜻하는 땅 아래 지하 세계, '땅의 영earth spirit'과 가까운 존재다. 가이아로부터 태어난 힘인 만큼 땅 어머니와 맞닿아 있는 것이다. 이는 어두움과 태고의 욕동欲動을 상징한다. 또한 채 정체가 드러나기 전의 잠재된 힘이나 원시 자연 자체에 대한 은유이기도 하다.

이 강렬하고 불가해한 무의식적 힘은 인간에게 늘 두려움의 대상이었다. 아폴론은 이 무시무시한 힘에 맞서 싸워 승리했다. 이는 곧 가이아 여신에 대한 불경이다. 아폴론의 피톤 살해는 오래도록 이어진 가이아 숭배 시대가 태양신 시대로 전환되는 변화를 상징한다. 패러다임의 전환이 일어난 것이다. 이 신화 이미지에 수많은 이본들이 존재하는 이유는 아마도 이야기를 통해 이 거대한 충격을 어떻게든 소화해 보려 한 안간힘의 흔적일 것이다.

1. 레토를 질투한 헤라가 피톤을 보내 출산을 막으려 든다. 방해에도 불구하고 아폴론 오누이는 태어난다. 생후 4일째, 아폴론이 파르나소스산에서 피톤을 화살로 쏘아 죽인다.

2. 레토가 오누이를 데리고 델포이로 접근하자 피톤이 이들을 공격한다. 이때 아기 아폴론이 엄마 품에서 뛰어내려 헤파이스토스가 만든 화살로 피톤을 죽인다.

3. 피톤이 레토와 오누이를 공격하자 레토가 한 팔로는 아르테미스를 다른 팔로는 절벽을 붙잡고 매달려 아폴론에게 피톤을 쏘라고 소리친다. 그 즉시 날카로운 아폴론의 화살이 피톤을 관통한다.

4. 성소를 찾아다니던 아폴론이 델포이에 도착한다. 사람들을 괴롭히는 피톤을 보고, 이를 무찔러 사람들이 안전하도록 해 준다.

5. 아폴론이 자신에 대한 숭배를 공고히 하고자 피톤을 화살로 쏘아 죽인다.

버전마다 뉘앙스의 차이가 뚜렷하다. 신화를 전하던 이야기꾼들이 저마다 자신이 살던 시대의 논리와, 그 시대 청중을 사로잡을 수 있는 설득력을 이야기에 가미했을 것이다. 상황을 설명하는 방식도 피톤을 죽인 이유도 다채로운 변주를 보이지만, 어린 신 아폴론이 델포이의 여신 피톤을 죽인다는 신화소만은 변하지 않는다.

여신이 희생되었다. 새로운 신이 기존 신을 죽였다. 앞서 말했듯 피톤은 땅 어머니 가이아로부터 나왔으니, 이는 어머니 살해다. 믿음의 중심이 가이아 숭배에서 태양신 숭배로 전환되고, 이에 따라 종교의 핵심 상징과 세상의 중심 이데올로기 또한 완전히 달라진다. 전혀 다른 세상이 펼쳐지는 것이다.

이 이미지를 우리 내면에서 일어나는 심리학적 사건이라 상상해 보자. 강도 9 지진에 버금가는 흔들림이 일 것이고, 지축이 뒤바뀌는 혼돈이 펼쳐질 것이다. 어머니 살해라는 절대 금기, 최고 불경죄를 저질렀으니 그 죄책감이 엄청날 것이다. 그런데 이 사건은 아들의 성장을 위해서 필연적으로 거쳐야만 하는 과정이기도 하다. '개체 발생은 계통 발생을 반복한다'는 헤켈Ernst Haeckel의 말처럼, 이 원형 이미지는 유구한 세월 동안 개별 인간 안에서 발생해 온 내면적 분투였으며 특히 남성의 핵심 통과 의례일 것이다.

오랜 여신 시대가 막을 내리고 남신의 시대가 도래한다. 이제 땅보다는 하늘이, 몸보다는 머리가 중요해지는 시대로 진입한다. 자연의 힘은 상대적으로 덜 위협적인 것이 되며, 영원성과 초월이라는 추상의 세계가 도래한다. 신화적으로 표현하면, 어머니 살해 후 아버지 세계로 나아가는 것이다. '용 살해'라는 신화소의 공통적인 함의는 바로 이것이다. 아폴론 이후로도 계속되는 용을 죽이는 영웅 신화 이미지들은 아폴론이 행한 이 원형적 드라마를 저마다의 방식으로 수행한 결과다.

이 통과 의례를 위해 아폴론이 사용한 무기는 헤파이스토스가 만들었다는 신기인 활과 화살이다. 신화 속 영웅들은 마법의 무기를 사용하는 법이다. 이때, 신화에서 검을 사용하는 것과 활을 사용하는 것에는 큰 의미 차이가 있다. 페르세우스는 메두사를 검으로 죽였다. 검은 연장된 팔이다. 비교적 가까운 거리에서 공격의 강도를 조절해 가며 집중하는 힘으로 상대를 무찌른다. 반면 활은 멀리서 쏘기 때문에 검보다는 약간의 '안전함'이 있다. 서로 가까이서 벌어지는 일 대일 맞대결이 아니며, 활을 쏘는 이가 자신을 위장하거나 숨길 수도 있다. 몸에 피를 묻힐 필요도 없다. 멀리서 급소를 명중시키는 활은 끈적함을 혐오하고 접촉을 싫어하는, 참으로 아폴론다운 무기다.

아폴론은 피톤의 무덤 위에 자신의 신전을 세운다. 이 세상 수많은 성소가 그러하듯, 현재 신성한 자리는 대체로 한 시대 위에 다음 시대가, 그 위에 또 그다음 시대가 켜켜이 지층처럼 신전이나 제대를 쌓아 올린 곳이다. 가이아 여신의 신탁소였던 델포이도 마찬가지로 아폴론의 권능 아래 새로운 주인이 차지한다.

델포이 아폴론 신전은 지형적으로 두 단층선이 교차하는 자리에 위치한다. 빈번한 지진으로 지표에 균열이 생기기도 하고 천둥과 번개가 자주 내리치는 땅이었다. 땅이 벌어진 틈새로 화산 가스가 올라왔는데, 여사제들은 이 가스에 취해 청동으로 높이 세운 삼각 다리 위 원반형 그릇에 앉아 환각 상태에서 신탁을 받았다. 이 여사제들을 피티아pythia라고 하는데, 피티아는 피톤에서 따온 이름이다. 선 긋기의 대가 아폴론도 여신 가이아의 흔적을 완전히 지울 수는 없었나 보다. 밝은 빛, 이성과 합리의 아이콘인 아폴론이 예언(신탁)의 신으로 등극했다는 사실은 아이러니다. 아폴론의 성소 델포이의 신탁이 그가 가장 혐오할 특질, 즉 가이아나 디오니소스적 힘으로 여겨지는 빙의possession와 황홀경을 통해 이루어졌기 때문이다. 피톤으로 대표되는 땅과 어두움, 충동과 무질서, 물질과 무의식을 정복한 후 땅에서 멀어져 숭고한 영성과 진리를 갈구하는 아폴론의 강박이, 오히려 아폴론이 얼마나 가이아의 힘에 사로잡혀 있는지를 반증해 준다. 실제로도 아폴론 신전을 가려면 훨씬 더 오래전에 세워진 아테나 신전을 거쳐야 갈 수 있다. 한 시대가 가고 다른 시대가 도래하는 것은 세상 이치일지나, 아폴론이 행한 어머니 살해야말로 아버지 살해 훨씬 이전의 원죄다.

아폴론,
오염 없는 신이 아닌 정화하는 신

젊은 패기와 정교한 이성의 힘으로 아폴론이 피톤을 살해했다. 아버지 제우스는 아폴론에게 '피톤을 죽였으니 그에 대한 보상을 하라'는 명을 내린다. 아폴론을 낳은 어머니는 레토이지만, 혈연 가계와 영적 가계를 구분하지 않고 양쪽 모두를 조상으로 간주하는 신화적 세계관에서 아폴론은 가이아 여신의 사제 피톤을 죽인 '어머니 살해자matricide'이기 때문이다.

아폴론에 의해 지구의 배꼽 옴팔로스를 지키던 피톤이 죽고, 가이아 숭배의 중심지가 파괴되었다. 비록 아폴론이

✳ 존 콜리어, 〈델포이의 여사제〉. 땅이 갈라진 틈에서 피어오르는 증기를 들이마시고 황홀경에 빠져 신탁을 내리는 여사제의 모습을 사실적으로 표현했다. 애들레이드 남호주미술관 소장.

신이라 해도 이 운명의 무게를 감당하기 쉽지 않았을 것이다. 제우스가 명한 보상이란 보속 또는 운명의 무게를 덜어 내는 의례일 것이다.

아폴론은 여신 살해와 델포이 오염이란 악행을 씻기 위해 북쪽 멀리에 있는 신전으로 도망친다. 오염을 정화한 후 월계관을 쓰고 다시 돌아와 승리를 선포하는데, 오염 없는 아폴론의 새출발을 공동체 전체가 환영한다. 아폴론의 월계관은 피톤을 죽였다는 영웅적 성취뿐 아니라 오염 정화를 이루어 낸 승리를 의미한다. 이를 기리기 위해 델포이의 올림픽 제전이라 할 수 있는 '피티아 제전Pythian Games'이 개최된다. 델포이 성소 가장 높은 곳에 위치한 스타디움을 실제로 보면, 고대인이 산정 가까이에 이토록 평탄하고 반듯한 경기장을 만들었다는 사실에 새삼 놀라게 된다. 피티아 제전은 바로 이 스타디움을 무대로 했다. 올림픽 제전과는 2년의 차이를 두고 4년마다 거행되었으며, 기원전 6세기 중엽부터 시작되어 거의 천 년간 이어졌다고 한다. 권투, 레슬링, 달리기, 마차 경기 등의 종목이 있었고 초기에는 아폴론 신을 기리는 시나 춤 경연도 함께 펼쳐졌다고 한다.

지중해 유역의 여러 나라에서 모여든 대표 선수들이 스타디움에서 기량을 뽐내고, 그 아래 극장에서는 원형적 드라마가 공연되고, 성소 입구에는 신탁을 듣기 위해 길게 늘어선 인파가 북적이는 모습을 상상한다. 고대 그리스에서 델포

이는 가장 성대한 '별천지 세상'이었을 것이다. 피티아 제전은
종교, 예술, 스포츠가 어우러진 종합 축전이자 신성한 제의였
다. 이는 피톤에 대한 장례이자 아폴론의 두려움을 승화시키
는 의례이고, 또한 새로이 정화된 델포이를 기리는 잔치다.

오늘날에도 전 세계가 올림픽에 열광하는 것은 영웅 같은 선수들이 빼어난 기량을 겨룬다는 흥분과 놀라움 때문이기도 하겠지만, 이를 통해 온 세상이 하나가 된다는 고대 그리스인의 신성한 기억이 '올림픽 정신'으로 이어져 내려오기 때문이 아닌가 한다.

순수하고 이성적이며 '멀리서 쏘는' 아폴론과 살해자라는 이미지는 다소 어울리지 않는 조합 같지만, 고대 그리스는 아폴론이 저지른 살해 행위의 방점을 '정화'에 찍었다. 후에도 아폴론은 아들 아스클레피오스Asklepios의 죽음에 연루된 키클롭스Cyclops를 죽이고 다시 오염을 정화하러 멀리 떠난다.

살해당한 자는 피에 굶주린 귀신이 되어 돌아와 반드시 복수를 한다는 게 고대 그리스인들의 믿음이었다. 복수와 격노fury는 처녀신(들) 에리니에스Erinyes로 의인화되었는데, 에리니에스는 살인죄, 위증죄, 부모에 대한 불경죄를 특히 엄하게 다스렸다. 그러니 여신의 징벌을 피할 수 있는 속죄의 길이 있다는 생각 자체가 혁명적이었다. 그런데 이를 가능케 한 신이 바로 아폴론이다. 스스로 죄를 짓고 속죄와 정화의 과정을 거쳐 돌아온 신이기에, 아폴론은 죄를 사하는 권능을 지닐 수 있었다.

아폴론은 치유의 신이기도 하다. 고대 그리스인들은 병을 오염으로, 치유를 정화로 이해했다. 또한 '비슷한 것은 비슷한 것으로 치료한다'는 동종요법적 믿음에 따라, 병을 일으킨 자만이 그 병을 거둘 수도 있다고 생각했다. 병도 주고 약도 주는 신이 바로 아폴론이었다. 바사이의 에피큐리우스 신전은 바로 그 믿음의 산물로, 역병을 거두어 준 아폴론에 대한 보답으로 지어졌다.

보통 의술의 신이라면 아스클레피오스를 떠올린다. 그는 아폴론의 아들이며 뛰어난 의술을 행했다. 그 흔적이 에피다우로스 유적지에 잘 보존되어 있다. 아폴론과 아스클레피오스의 차이는, 아스클레피오스는 개개인의 질환이나 상처 치료에 열중한 데 반해 아폴론은 전쟁이나 가뭄, 역병 같은 공동체 전체에 영향을 끼치는 오염을 치료하는 신이라는 것이다.

아폴론이 피로 오염된 자신을 정화하고 난 후 정화의 비법과 함께 공동체로 돌아온다. 정화는 곧 에리니에스의 복수로부터 자유로워지는 의례다. 아이스킬로스의 비극 3부작 《오레스테이아》에 등장하는 유명한 재판이 있다. 재판 중 신세대 신인 아폴론과 아테나가 오레스테스Orestes의 친모 살해 행위에 보복하려는 구세대 신 에리니에스를 설득해 내는 장면은 신구 세대 간의 가치관 차이를 잘 보여 준다. 복수심과 격노라는 원초적 욕동을 상징하는 신을, 이성과 정의를 체현하는 신들이 설득하여 상호 합의를 이끌어 내는 장면은 오늘날 우리에게도 소중한 영감이 된다. '피는 피로 갚는다'는 보복의 연쇄를 끊고 '정화'라는 개념이 그 자리를 대신하게 된, 인류 정의관의 중요한 전환점이기 때문이다. 이 진화의 핵심은 아폴론이다.

아폴론은 정의로운 살인과 그렇지 못한 살인을 구분했다. 오레스테스가 죽인 것은 친모였지만 그 친모는 아버지 아가멤논을 살해한 자였다. 아폴론은 재판에서, 오레스테스는 아버지의 원수를 갚은 것이니 자식으로서의 도리를 다한 것이라며 살해의 정당성을 부각시켰다. 고전학자 닐슨Martin P.Nilsson은 이 대목을 외적 정화 의례가 내적 속죄로 변화하는 과정이라고 설명한다. 이로써 아폴론은 단순히 악행을 씻어주는 '정화의 신'에서 나아가 법과 정의, 사회적 질서를 수호하는 신으로 그 의미가 확장되어 발전하게 된다.

오라클의 성지
델포이

'신의 뜻은 무엇일까?' '신이 나와 함께 할까?' '나의 결정이 신의 뜻에 부합할까?' 이 물음들에는 인간의 근원적 갈망이 담겨 있다. 종교를 믿든 그렇지 않든 인간은 유한한 존재이며 살면서 누구나 한계를 맞닥뜨리곤 한다. 그렇기에 크고 원대한 힘의 인도가 있기를, 또 궁극의 앎으로부터 심오한 지혜를 얻기를 희구하는 것은 인류의 원형적 염원일 것이다. 인간은 누구나 자신의 경험을 넘어서는 초월적 힘을 통해, 자신이 더 큰 질서의 그물망에 속해 있음을 확인하고 싶어 한다. 오라클은 그 힘에 닿을 수 있도록 다리를 놓는 수단이다.

사전적 정의로 오라클은 신의 의지를 듣는 도구나 매체를 뜻한다. 신탁, 공수, 신점 등 다양한 표현이 있으되, 모두 '신의 뜻을 듣는다'는 공통 의미를 지닌다. 이를 위해 주사위나 뼛조각, 돌 엽전 같은 도구를 이용하거나, 동식물의 소리나 움직임을 경청하거나, 빛이 비치는 벽에 나타나는 문양을 관찰하거나, 물이나 바람의 모양새를 살피거나, 꿈을 해석하거나 하며 신의 의지를 알고자 했다. 샤먼이나 영매 같은 중간자들이 개인 또는 공동체를 위해 이 역할을 대리하기도 했다.

세계의 오라클 전통 중 델포이 오라클은 특히 유명하다. 오랜 역사를 지녔을 뿐 아니라 그리스 밖으로도 널리 알려진 공공의 신탁 장소였기 때문이다. 1500여 년 전 로마 황제가 공식적으로 이 전통을 금하기 전까지 수천 년 동안 지위 고하를 막론하고 델포이 순례를 감행했으니, 델포이를 오라클의 성지라 하기에 충분하다.

절박한 물음을 품고 델포이 아폴론 신전으로 향하는 여정을 상상해 보자. 구불구불 산길을 따라 오르다 보면, 길 옆으로 순례자가 메시지를 새겨 놓은 판석들을 만난다. 당시 존재했던 여러 국가가 만들어 둔 보물 창고들도 지나게 되는데, 코린트나 테바이, 아테네 같은 델포이 인근의 폴리스뿐 아니라 소아시아, 이집트, 흑해 연안 아프리카 북부에서까지 델포이를 찾았다는 흔적을 발견할 수 있다. 신전에 올라가면 신탁을 받던 여사제의 자리, 신탁을 듣던 방, 신탁을 해석하는 학자들의 공간이 나뉘어 있다.

델포이는 여사제를 통해 듣는 오라클 외 다른 목적으로도 주요했으리라고 짐작한다. 당시 델포이는 그리스 주변국의 뭇사람들이 찾는 국제 성지였다. 그러니 순례자들과 함께 온갖 소식이 모여드는 정보의 허브였을 것이다. 세상 돌아가는 흐름이나 정세 파악에 델포이는 최적의 장소였던 것이다.

고대 그리스인에게는 개인적 시련에 관해서든 도시의 오염에 대해서든 델포이 신탁을 듣는 것이, 마치 오늘날 우리가 어려움에 처했을 때 누군가에게 조언을 구하듯 자연스러운 일상이었다. 현대인에게는 마냥 신비롭게 다가오는 이 오라클 전통은 실제 그 내용을 살펴보면 지극히 상식적이다.

델포이는 예언의 자리로 주로 알려져 있지만, 학자들에 의하면 신탁의 내용은 미래 예언보다 전쟁 개시 같은 역사적 현안을 다루는 경우가 대부분이었다고 한다. 실제로 500개의 신탁 사례를 분석한 결과 약 70퍼센트는 역사적 사건과 일치하며 나머지는 전설이나 픽션으로 분류된다. '미래를 알고 싶다'는 인류의 원형적 염원이 워낙 강렬한 탓인지, 델포이를 둘러싼 예언의 서사들은 부풀려지고 덧붙여진 것들이 많은 듯하다.

현대인은 오라클을 마치 특별한 마법이나 주술 같은 과장된 개념으로 받아들이곤 한다. 또는 오라클에 왜곡된 기대나 두려움을 버무리기도 한다. 이와 관련해, 지인들이 재미있어하는 나의 학창 시절 일화가 있다.

수도회 부총장 후보로 추대되었던 미국 수녀님의 이야기다. 타로카드를 다루는 동급생에게 카드를 뽑아 달라 청했다. '선거에 나가면 어떨까?' 점괘는 명예와 칭송, 영광으로 가득했다. 주변 친구들이 '무조건 나가야 한다'고 부추길 때, 수녀님은 "그럼 후보에서 빠지면?" 하고 다시 물었다. 그러자 '우주적 아이cosmic child' 카드가 나왔다. 결국 수녀님은 불출마를 택했다. 이 이야기를 듣고 이탈리아에 오래 살았던 친구는 "부총장 선거를 타로 점으로 정하다니, 가톨릭도 참 멀리 왔다"라며 웃음을 터뜨렸다. 수녀님이 그 선거에 출마했어야 했는지 아닌지는 지금도 모르겠다. 하지만 기쁨과 놀이와 아이다움을 위해 힘 있는 자리를 내려놓은 그 선택만큼은 참으로 멋져 보인다.

고대 그리스인의 우주는 신과 인간의 공존과 긴밀한 상호 교류로 짜여 있다. 그들에게 운명이란 스스로 만들거나 통제하는 것이 아니라, 신들의 뜻에 부합하는 삶을 살아 냄으로써 받아들이는 것이다. 따라서 당면한 현안이 생기면 어느 신의 제대에 꽃과 향을 바칠지 숙고해 결정하는 것이 무엇보다 중요한 일이다. 이는 지금도 유용한 개념인데, 현대 원형심리학에서는 지금 내가 품고 있는 문제가 어떤 원형의 드라마에 속하는지 인식한다면 바른 질문을 할 수 있다고 말한다. 그로부터 나를 적절히 성찰할 수 있고, 내 문제를 제대로 바라볼 수 있게 된다. 극히 주관적이던 사건이 원형적 깊이로 심화될 때 비로소 내가 처한 상황의 객관적 의미를 이해할 수 있다.

영웅의 귀가
비극을 낳는다

보통 오라클을 '듣는다'고 표현하는데, 사제의 입을 거쳐 나오는 신탁은 결코 단순명료하지 않다. 그래서 신탁 내용을 잘못 알아들어 곤란을 겪는 사례가 적지 않았다. 이와 관련해 리디아Lydia의 왕 크로이소스Croesus 이야기가 널리 알려져 있다.

왕이 할리스강Halys을 건너 페르시아 제국을 침공할지 말지를 결정해야 하는 시점이다. 왕은 델포이 신탁을 구한다. 피티아는 '크로이소스 왕이 할리스강을 건너면 위대한 제국이 몰락할 것'이라고 답한다. 듣고 싶었던 답을 들었으니, 왕은 확신에 차 침공을 감행한다. 그런데 결과는 리디아의 대패다. 페르시아 제국이 아니라 자신의 왕국이 몰락하고 말았다.

크로이소스가 페르시아를 침공했다가 리디아가 멸망한 것은 역사적 사실이지만, 그 침공 결정에 델포이 신탁이 개입했다는 이야기는 신탁을 듣고 싶은 대로 해석할 때의 위험을 경고하기 위해 후대에 윤색되어 덧붙여졌을 것으로 보인다. 사실, 그리스의 모든 비극은 신탁을 자기 멋대로 이해해서 발생한다고 해도 과언이 아니다. 그 예로 오이디푸스 신화를 살펴보자.

신화는 테바이라는 도시의 오염으로부터 시작한다. 오염의 씨앗은 테바이의 왕 라이오스Laius가 아들인 오이디푸스를 태어나자마자 버린 일이었다. 심지어 라이오스는 아기를 버리면서, 굶어 죽거나 짐승의 밥이 되라고 달아나지 못하도록 발목을 꿰뚫어 산에 내다 버렸다. 이 아기를 목동이 발견해 자식 없는 이웃 나라 코린토스의 왕과 왕비에게 데리고 간다. 이후 오이디푸스가 코린토스의 왕자로 자라게 된다. 그러던 어느 날 주정뱅이가 '지 부모도 모르는 놈'이라며 오이디푸스에게 욕설을 퍼붓는다. 그 길로 오이디푸스는 델포이로 가서 오라클을 듣는다. 그런데 오라클 내용은 욕설보다 훨씬 잔혹하다. '아버지를 죽이고 어머니와 혼인한다.'

오이디푸스는 자신의 끔찍한 운명을 피하고자 부모와 나라를 등지고 테바이로 향한다. 그러다 길에서 난폭하게 마차를 모는 자와 시비가 붙어 그를 죽였는데, 알고 보니 그는 자신의 친부였다. 이후 테바이에 정착해 왕비와 혼인하게 되었는데, 알고 보니 아내가 자신의 친모였다.

델포이 신탁은 이 비극의 중심에 자리한다. 그런데 비극의 시작은 라이오스에게서 비롯되었다. 라이오스는 '아들이 태어나면 아버지를 죽인다'는 신탁을 듣고 친자 살해를 감행한 것이다. 아들 오이디푸스는 친부 살해의 운명을 피하려 고향을 등지는데, 이 또한 델포이의 신탁에 따른 판단이다. 아버지도 아들도 신탁이 알려 준 자신의 운명을 막아 보려고 저마다의 선택을 했지만, 그 선택들은 오히려 신탁이 현실이 되도록 부추겼다.

여기서 심리학적 질문을 던져 보자. 신탁이 맞는지 맞지 않는지는 일차원적 문제다. 신탁은 결국 어찌해도 피해 갈 수 없다는 운명론 또한 접어 두기로 하자. 과연 라이오스와 오이디푸스 부자는 신탁을 어떻게 이해해야 하는지 알고 있었는가?

트랜스 상태인 사제의 입을 통해 흘러나오는 언어는 모호하고, 종종 이중적 의미를 지닌다. 상징과 은유로 이루어진 진술을 제멋대로 이해하고 성급하게 행동으로 옮긴 태도가, 그들 부자를 비극의 주인공으로 만든 본질이 아닌가 한다.

델포이 아폴론 신전 복원도를 보면 아폴론 신전 한가운데 높이 솟은 기둥이 있고 그 위로 스핑크스가 보인다. 이 스핑크스는 현재 델포이 고고학박물관에 있다. 여인의 얼굴에 사자의 몸을 한, 양쪽 어깨에서부터 날개가 높이 치솟아 있는 상상의 피조물이다. 다소 혼란스러운 이 모습처럼 스핑크스는 에니그마enigma(수수께끼)다. 오이디푸스와 스핑크스 사이에도 매우 유명한 일화가 있다.

스핑크스가 수수께끼를 낸다. 처음에 네 발, 그다음에 두 발, 마지막에 세 발인 존재는? 답은 사람, 오이디푸스가 정답을 맞혔다. 그러자 스핑크스는 절벽에 스스로 몸을 던져 죽었다. 오이디푸스는 정답을 말함으로써 스핑크스와 수수께끼가 함께 영원히 사라지게 한 것이다. 이것이 뜻하는 바는 과연 무엇일까?

‘영웅은 반만 듣는다.’ 애매함을 견디지 못하니 그러하다. 심층심리학적 관점으로 표현하면, 1장에서 제우스를 탐색하며 이야기한 것처럼 영웅은 생각은 짧고 행동은 빠른 자들이다. 나는 역사에 기록된 여러 영웅에 대해 개인적인 물음을 품고 있다. 영웅은 왜 언제나 자신의 자리에서 만족하지 못할까? 남의 땅을 정복하며 일상을 평화롭게 살아가는 사람들을 파괴할 권리가 그들에게 있는가? 잔혹성은 영웅의 덕목인가? 어떤 가치관을 지녀야 영웅이 벌이는 행위들을 ‘영웅적’이라 칭송할 수 있는가?

오이디푸스도 라이오스도 전통적인 의미의 영웅에 속하는 인물들이다. 이들 부자의 공통 취약점은 바로 인내심이다. 오이디푸스 신화를 통틀어 가장 자주 등장하는 단어가 ‘재빨리quickly’다. 이들은 모호함을 못 견딘다. 만일 라이오스가 친부 살해라는 신탁을 한 번쯤 깊이 되새김질했다면, 즉 그에게 신탁을 듣는 귀가 있었다면 신화는 우리가 알고 있는 것과는 전혀 다른 방향으로 흘러갔을 것이다.

아들 오이디푸스도, 자신이 아버지를 극복하고 더욱 부강한 왕국을 건설하게 될 것이라는 은유로서 신탁을 받아들일 수 있었다. 어머니와의 혼인을 '궁극의 자궁', 곧 영원한 피안彼岸으로 회귀하려는 인간의 숙명으로 깊이 사유했더라면 어땠을까. 그랬다면 그 신탁은 피할 수 없는 저주가 아니라 인간 존재를 향한 거대한 공안公案으로 다가왔을 것이다.

본래 신탁의 언어는 마치 꿈처럼 '영웅의 귀'가 아니라 '심리학적 귀'를 필요로 한다. 오이디푸스가 스핑크스와의 대화를 자신의 심리학적 귀를 훈련하는 기회로 삼았더라면, 또 오이디푸스가 폴리스의 오염에 대해 델포이 아폴론 신전이 아니라 다른 신들의 신전에 신탁을 구했더라면 전혀 다른 가능성이 열렸을지도 모른다. 다혈질인 오이디푸스가 스핑크스의 수수께끼를 깊이 성찰하며, 그 의미가 저절로 앎이 되어 떠오를 때까지 '신중하고 적극적인 수동'의 태도를 취했더라면 어땠을까. 그랬다면 이 가족 드라마는 비극이 아닐 수도 있었을 것이다. 예나 지금이나 자판기를 쓰듯, 즉답만을 구하는 자리에서 신성한 언어는 그 의미를 상실하나 보다.

델포이 오라클은 사라졌다. 영웅의 후예인 현대인은 '이제 오라클은 침묵한다'고 단정한다. 폐허가 된 델포이 신전처럼 오라클도 그저 과거의 유물일까? 아니면 지금의 우리는 영웅의 귀를 물려받아 오라클을 듣지 못하는 것일까? 만일 그렇다면, 영혼의 감각을 잃고 피상적인 세계에서 무의미하게 신음하는 현대인들에게 내려진 신탁은 바로 이것일지도 모른다. "영웅의 귀가 비극을 초래한다!"

여성은 왜
찬란한 아폴론을 거부하는가?

이제 아폴론의 연인과의 관계로 눈을 돌려 보자. 단언컨대 여인들은 한결같이 아폴론을 거부한다. 젊고 반짝이는, 수려한 외모의 아폴론이다. 그런데 신화에서는 수많은 여신과 님프와 여인들이 티끌조차 찾기 어려운 아폴론의 구애를 거절한다.

화로의 여신 헤스티아는 아폴론의 청혼을 받아들이지 않으려고 평생 처녀로 살겠다고 제우스에게 간청해 허락받는다. 무녀와 신탁의 대명사 시빌라Sibylla는 아폴론의 구애를 거절한 탓에 영원히 노파로 살게 된다. 트로이의 공주 카산드라는 아폴론을 거부해 저주를 받는다. 다프네는 아폴론을 피해 끝까지 도망치다 식물로 변해 버리고 만다.

어느 날, 아폴론은 숲에서 다프네와 마주친다. 다프네의 아름다움에 반해 재빨리 좇는다. 아폴론은 다프네를 열렬히 좇고, 다프네는 죽어라 도망친다. 아폴론이 뒤따르며 거듭 애원하지만 다프네는 끝까지 거절한다. 평원을 가로지르는 다프네를 아폴론이 겨우 따라잡아 막 어깨를 거머쥐려는 순간, 다프네는 어느새 강이 보이는 지점에 다다랐음을 알아차린다. 공포에 질린 다프네는 강의 신인 아버지 페네이오스에게 도움을 청한다. 다프네는 나무로 변하고, 아폴론은 그 나무에 월계수라는 이름을 붙인다.

앞서 말했듯 아폴론은 거리 두기와 명료한 선 긋기의 달인이다. 그런데 연인과 관계된 신화 이미지에서 아폴론은 '침범하는 자' 그 자체다. 전혀 냉철하지도 이성적이지도 않고, 오히려 날것의 충동을 야만적으로 노출시킨다. 이는 평소 아폴론이 혐오하는 모습이다. 다만 아폴론의 특질과 정면으로 배치되는 이 이미지를, 조금만 숙고하면 이해할 수 있게 된다. 그림자 이론을 통해 들여다 보자.

본래 애써 부인한 충동이 가장 파괴적인 법이다. 걷잡을 수 없는 힘과 억제되지 않는 욕망에 사로잡힌 아폴론은 '막무가내 돌진형'으로 돌변한다. 티 없이 높은 자리에 있는 순수 지성의 아폴론이다. 아폴론 내면에 억압된 그림자는 이성의 반대편, 광적인 충동과 욕정의 화신일 것이다. 남성의 이런 힘은 여성을 질리게 만든다. 어쩌면 아폴론은 자신의 내면 깊숙이 자리한 이런 모습이 두렵고 싫어서 바위산 꼭대기로 도망쳤을지 모른다.

다프네는 아르테미스 여신의 사냥 무리에 속한 님프인데, 아르테미스에게 일평생 처녀로 살겠다고 맹세했다. 그러니 남신들을 경계하고 거부하는 게 당연해 보인다. 그렇다고 하더라도 거부하다 못해 식물로 변할 지경이라니 왠지 미심쩍은 과장이 섞인 듯한데, 다프네는 아버지와 가까운 딸이다. 아마도 지나치게 친밀한 부녀 관계가 다프네를 유아기적

벽에 감금했을 것이다. 이런 유형에게 본능적이고 충동적인 남성의 저돌적 구애는 위협을 넘어 공포다. 아폴론과 다프네 이야기는 미숙한 남성과 덜 자란 여성이 연출할 수밖에 없는 내면 풍경이었다.

아폴론의 절실한 구애와 관련해 카산드라 신화도 널리 알려져 있다. 카산드라는 트로이의 왕 프리아모스와 헤쿠바의 딸로, 아폴론 신전의 여사제다. 아폴론은 카산드라의 아름다움과 지성에 반해 카산드라에게 미래를 보는 힘을 선물하며 구애한다. 카산드라가 아폴론을 거절하자, 아무리 신이라 할지라도 한번 준 것을 다시 빼앗을 수는 없어 카산드라에게 저주를 내린다. 카산드라의 말을 아무도 믿지 않게 되리라는 저주였다.

카산드라는 트로이의 왕자 파리스가 스파르타의 왕비 헬레네를 데려오면 전쟁이 발발할 것이라 예언한다. 트로이 목마로 인해 난공불락인 트로이 성벽이 무너지고 결국 트로이는 멸망할 것이라고도 예언한다. 또 아가멤논의 죽음에 대해서도 미리 경고한다. 하지만 카산드라의 말을 아무도 귀담아 듣지 않는다.

중요한 진실을 알리지만 세상 누구도 믿어 주지 않는다. 카산드라의 소외감과 좌절은 특별한 선물을 지닌 사람이 감내할 수밖에 없는 운명의 무게일지도 모르겠다. 자신이 알게 된 비전vision이 나라의 흥망이나 왕의 명운같이 공동체에 지대한 영향을 끼치는 중차대한 내용이라면, 눈에 뻔히 보이는데도 파국을 막을 수 없는 무력감은 마치 형벌 같을 것이다. 개인적으로 이 신화 이미지는 예언의 양날의 검을 보여준다고 생각한다.

　꿈이든 비전이든 오라클이든 그것이 예언임을 확인할 수 있는 길은 오직 그 예언이 실현되는 순간뿐이다. 미래에 관한 통찰이나 비전을 경험할 때 그것이 과연 믿을 수 있는 내용인지, 내 착각일 뿐인지, 내가 알게 된 것을 사람들에게도 알려야 할지 아니면 침묵해야 할지, 믿음과 의심과 두려움 사이 격렬한 씨름을 피할 수 없다.

　아폴론과 시빌라의 이야기도 살펴보자. 앞서 말했듯 시빌라는 무녀와 여성 예언자의 대명사로 여겨지는 존재로, 서양 오라클 역사에서 전설로 내려오는 이름이다. 천 년을 살았다고 하며 플라톤, 버질Virgil, 아우구스티누스 등이 그녀에 대한 존중과 경이로움을 표한 바 있다.

　아폴론은 시빌라에게 영원한 젊음을 약속하며 구애한다. 시빌라는 아폴론을 거부한다. 그 대가는 영원히 노파로 살게 되는 것이다.

　시빌라에 관해서는 많은 이야기가 전해지고 있다. 시빌라는 델포이의 피티아나 카산드라처럼 트랜스 상태가 아니라 의식을 유지한 채 오라클을 말한다. 그녀는 다른 사람보다 깊이 들으며, 종종 아무도 듣기 원하지 않는 메시지를 가

져온다고 묘사되곤 한다.

천 년을 살았다는 시빌라는 한 명의 인물이 아니었을 듯하다. 그녀들은 무의식의 감각이 깨어 있으면서 그와 소통할 줄 아는 존재들, 닥쳐올 위험을 예고하거나 종종 삶의 지혜를 알려 주곤 하는 여느 마을에나 있을 법한 지혜로운 할머니들을 통칭하는 이름이었을 것으로 짐작된다.

아폴론을 거부한 여인들인 다프네, 카산드라, 시빌라에게는 한 가지 공통점이 있다. 바로 고대 가이아 전통을 잇는 여인들이라는 점이다. 이들은 아폴론의 언어와 문법을 무척 당혹스럽게 느꼈을 것이다. 자연을 배제하고 순수 지성으로 거듭나고자 하는 아폴론의 반자연적 힘은 이들에겐 그 자체로 '외계 이데올로기'였다. 구체적이고 확고하며 다르게 해석될 여지가 없는 아폴론의 언어는, 가이아 깊은 곳에서 올라오는 시적이고 상징적인 언어를 쓰던 여인들에게 너무나 생경했을 것이다. 아폴론 자체가 오라클과 자연을 숭상하는 여인들에게 너무도 낯선 존재였다.

제인 엘런 해리슨Jane Ellen Harrison은 카산드라의 거절이 단순한 남녀 간의 문제가 아니라고 보았다. 가이아의 여사제인 카산드라의 거절은 아폴론이 델포이를 자기 것으로 만들고 고대 질서를 파괴한 데 대한 분노의 표출이라는 것이다. 델포이 정복과 여사제들을 향한 아폴론의 구애는, 가이아의 힘을 실행하는 여사제들을 손아귀에 넣어 기존의 힘과 질서를 자기 것으로 쟁취하려 한 과정이었을 것이다.

1장에서도 짚었던 것처럼 제우스도 이런 방식으로 세를 넓히고 자신의 지위를 확립했는데, 제우스는 아폴론이 겪은 것처럼 거센 저항을 경험하지는 않는다. 이는 제우스의 통합적 리더십과 아폴론의 배타적 리더십의 차이 때문이기도 할 것이다. 아폴론 내면에 존재하는 여성적인 것에 대한 두려움과 배타성 또한 여성들에게 무의식적으로 영향을 미쳤을 것이다. 아무튼, 신화의 파편들은 아폴론적 힘의 확산 과정에서 벌어지는 혼란을 오롯이 간직하고 있다.

가이아 여신은 아폴론이 피톤을 죽이고 델포이 오라클을 자기 것이라 선언하자 크게 노하여 인간들에게 예언이 담긴 꿈을 보내기 시작한다. 그러자 사람들은 더 이상 델포이를 찾지 않는다. 아폴론은 급히 올림포스로 가서 가이아가 인간에게 꿈-비전을 선물하는 일을 멈추게 해 달라고 제우스에게 청한다. 이런 과정 끝에, 결국 아폴론은 델포이 오라클의 신이 된다.

제인 엘런 해리슨은 여인들의 아폴론 거절이 가이아라는 고대 질서를 지키려는 의미 그 이상이었을 것이라 주장하기도 했다. 여성은 몸을 통해 직접 후손을 생산하며, 매달 월경을 하고, 처녀-어머니-성숙한 여인이 되는 과정을 거치며 온몸으로 자연의 리듬을 살아 낸다. 물질과 땅, 몸의 힘으로부터 멀어져 지성과 이성을 추구하는 아폴론의 힘은 여성에게 본능적인 이질감으로 다가왔을 것이다. 또한 여성의 신비를 두려워하는 아폴론이다. 이런 아폴론의 두려움을, 여신이든 여성이든 충분히 감지할 수 있었을 것이다.

그럼에도 세상의 중심 이데올로기는 아폴론으로 넘어갔고, 지금도 여전히 아폴론이 지배하는 시대를 살고 있다. 이성과 경험, 과학과 합리의 언어가 가장 큰 설득력을 지니는 현시대다.

뉴턴의 심장에는 아폴론이 살았다

역사 속 인물 중에서 '아폴론의 최고 사제'를 꼽자면 단연 과학 시대의 문을 연 아이작 뉴턴일 것이다. 핼리 혜성을 발견한 천문학자 에드워드 핼리는 뉴턴의 저서 《프린키피아》 앞머리에 자신이 직접 쓴 시인 〈뉴턴에게 바치는 송시Ode to Newton〉를 실었다. 시는 다음 문장으로 끝맺는다. "태양의 신 아폴로(아폴론)가 심장에 거주하는 자, 신성한 힘으로 마음을 가득 채운 자, 어느 누가 그보다 더 가까이 신에게 다가갔으랴." 고대 그리스에서 인간을 향한 최고의 찬사는 '신과 같은 혹은 신을 닮은godlike'이란 표현이었다. 신의 경지에 가까운 진리에 다다른 뉴턴이니 이런 찬사도 과장으로 느껴지지 않는다. 또한 심장 가득 신으로 채워져 있다는 은유적 표현보다 신을 향한 뜨겁고 헌신적인 마음을 담은 말이 또 있을까? 뉴턴의 신은 아폴론이고, 뉴턴이야말로 가장 충실한 아폴론의 사제였다.

사소한 오해를 피하기 위해 첨언하면, 수학자, 물리학자, 과학자인 뉴턴은 신학과 성서 해석에도 조예가 깊었다. 뉴턴은 아폴론의 렌즈를 통해 하느님을 사랑했다. 그는 자연과 우주에 작동하는 질서를 탐구하는 것과 신을 사랑하는 일은 서로 다른 길이 아님을 삶으로 보여 주었다. 내가 이 책을 통해 소개하고 있는 심리학적 다신관은 종교적 의미가 아니다. 각자의 내면, 세상의 다면성과 다중심성을 탐구하기 위한 정교한 렌즈다. 그중 '아폴론의 렌즈'는 뉴턴의 일생을 조명하는 데 가장 적합할 것이다.

뉴턴은 서양의 과학 혁명 시대(16~17세기)에 태어났다. 코페르니쿠스, 베이컨, 갈릴레오, 데카르트로 이어지며 과학적 사고가 발달하고, 망원경을 통한 천체 관측이 본격적으로 이루어지고, 지동설이 천동설을 밀어내던 시대였다. 인쇄술의 발달과 함께 지식의 민주화가 일어났고, 인본주의를 위한 과학이 기치를 높였다. 또한 교조적 권위에 대한 복종에서 조금씩 벗어나며 인간 개인을 보다 주목하기 시작했고, 인간의 의지를 무엇보다 존중하던 때였다. 현대적 정신의 토대가 마련된 시기라 할 수 있을 것이다. 이러한 토양 위에서 태어난 뉴턴에게 가장 큰 영향을 미친 사상가가 바로 데카르트다.

'나는 생각한다. 고로 나는 존재한다.' 데카르트의 유명한 명제다. 데카르트는 인간을 사고하는 능력과 동일시한다. 이전의 전체론적, 애니미즘적 세계관에서 벗어나 이성과 합리를 내세우며 인간 사고의 우월성을 선포한다. 그런데 무의식 탐색에 주안점을 두는 심층심리학의 입장에서, 데카르트의 명제는 설득력이 낮다. 심층심리학에서는 인간은 비이성에 속하는 감정이나 본능에 휘둘리는 존재이며, 특히 삶의 방향이나 중요한 결정은 무의식적 동인에 좌우된다고 보기 때문이다. 데카르트도 뉴턴도 기계론적 사고의 소유자들이다. 개인적으로 데카르트의 명제에 동의하지 않음에도 불구하고, 동시에 이 '과장된 비전'이 현대인 내면의 진실일 수 있다는 점을 한편으로 인정한다.

이성과 합리를 토대로 하는 '거리 두기'와 '객관성 확보'는 학술적 연구 과정에서 필수 가치로 자리매김했다. 과학적 진술은 현시대 우리에게 가장 설득력 있는 언어로 여겨진다. 이런 의미에서 데카르트, 뉴턴과 마찬가지로 우리 또한 모두 아폴론의 후예들이다.

아폴론의 비전을 시적으로 표현하자면 '독수리 같은 지성'이 적절할 것이다. 독수리는 티 없는 하늘에서 공기를 가르며 비상하는 맹금류다. 목표물을 발견하면 지상으로 번개처럼 돌진하여 낚아채는데, 치밀한 관찰과 정확한 움직임이 그 바탕이다. 정신세계에서는 곧 정곡을 찌르는 날카로운 이해력, 타협 없는 일관성과 논리, 멀리 내다보는 선견지명, 목표를 향한 거침없는 용기와 대담함일 것이다. 독수리가 멀리 또 높이 나는 모양새는 주관성이나 비이성 혹은 초자연성과 결별하여 철저하게 객관적이고자 하는, 대상과 거리를 두는 이미지로 읽힌다.

이성에 기반한 객관적, 합리적 사고는 추상과 밀접하게 맞닿아 있다. 추상은 자연계에 존재하지 않으며, 오직 관념의 세계에서 빚어진다. 이러한 추상화 능력은 인간을 동물과 구별짓는 인간 고유의 능력이기도 하다. 과학적 사고로 현상과 자연을 탐구해 공통 속성을 포착하고, 이를 통해 보편적 개념을 도출하는 것 또한 추상의 힘이다. 그래서 우리는 '이성은 추상을 거쳐 비로소 사유를 확장한다'고 말한다.

추상의 결정체는 수학이다. 사과는 왜 땅으로 떨어지는가? 달은 왜 지구로 떨어지지 않는가? 조수 간만의 차는 왜 생기는가? 행성들은 어떻게 일정한 궤도를 돌고 있는가? 중력 법칙과 만유인력의 법칙은 이러한 물음들로부터 탄생한 결실이다. 뉴턴은 세상을 수학으로 보려 했다. 자연 현상을 과학적, 수학적 원리로 설명하고 지구와 천체의 움직임을 단일 법칙으로 이해하여 과학 시대를 활짝 열어 낸 선조다. 의심의 여지 없이, 이러한 사고 체계가 진리에 도달하는 길이라는 믿음은 철저하게 아폴론적인 것이다.

현재 우리가 누리고 사는 많은 것들이 뉴턴의 선물이다. 달처럼 지구 주위를 돌면서 정보를 송신하는 인공위성들, 초고속 인터넷망, 위성 항법 시스템 모두 뉴턴 역학에 기반한 것이다. 교량 건설과 터널 굴착, 마천루의 축조, 그리고 정교한 공학의 결정체인 항공기 운항도 뉴턴 역학의 산물이다.

뉴턴과 아폴론의 연결성을 새삼 확인할 수 있는 역사적 사건이 있다. 인류 과학 기술 진보 하면 떠오르는 가장 상징적인 사건은 아마 달 착륙일 것이다. 그런데 1960~1970년대에 걸쳐 진행된 미국의 달 착륙 프로젝트명이 바로 '아폴로'다. 1968년, 인류 최초로 달 궤도 비행에 성공한 우주선은 아폴로 8호다. 당시 지구로 귀환하던 비행사들에게 지상 통제소의 교신 담당이었던 마이클 콜린스가 자신의 다섯 살짜리 아들이 한 질문을 전했다. "지금 우주선은 누가 조종하고 있나요?" 그러자 우주 비행사 빌 앤더스는 이렇게 대답했다고 한다. "아이작 뉴턴." 여기서 다시 뉴턴과 아폴론이 만난다. 현대에 이르러 상대성 이론과 양자 역학이 등장하면서, 이제 뉴턴의 수식은 더 이상 우주 전체를 설명하는 유일무이한 법칙이 아니게 되었다. 그러나 지금도 달과 우주로 향하려는 사람들은 여전히 뉴턴 방정식에 기대어 우주선을 쏘아 올린다.

과학자들 사이에 헛된 논쟁을 야기했던 숱한 문제들
수학이라는 빗자루로 그 일대의 구름을 말끔하게 걷어 내니

문제의 본질이 극명하게 드러나는구나
오류와 의심은 이제 우리의 눈을 가리지 못하니
예리한 지성을 길잡이로 삼아
신이 머무는 곳을 향해 천상계로 날아오르도다…

- 에드워드 핼리, 〈뉴턴에게 바치는 송시〉 중에서

뉴턴은 독수리 같은 지성으로 무지를 걷어 본질을 명료하게 드러냈고, 인간의 탐구 영역을 우주로 확장하며 끝없이 어두움에서 빛으로 나아갔다. 뉴턴이야말로 모든 인류 가운데 가장 충직하고 빼어난 아폴론의 사제였다. 아폴론은 자신이 탄생하는 순간에 델로스섬에 무한한 부를 약속했다. 현재 우리가 과학 기술로 누리는 물질적 풍요는 그 약속이 실현된 증거들이다.

아폴론의 횃불을 들고, 다시 가이아의 품으로

그리스 전역의 아폴론 신전들은 초기 여신의 땅에 침범하여 난폭하게 힘을 내세우는 방식으로 세워졌다. 그리스 신전 건축 연구의 권위자 빈센트 스컬리Vincent Scully는 델포이 아폴론 신전이 여신의 영역이었던 자리를 정복했음을 과시라도 하듯 주변 지형과 의도적 긴장 관계를 형성하도록 세워졌다고 분석한다. 델포이 아폴론 신전을 두 눈으로 보면 '어떻게 이런 자리에 이런 놀라운 건축물이!' 하며 절로 탄성이 터져나온다. 산정 가까이에 위치한 아폴론 신전에 걸터앉아 골짜기 전체를 내려다보고 있으면, 이 신전이 얼마나 여신과 여신의 힘에 사로잡힌 채 지어졌는지가 한눈에 들어온다. 아폴론의 거드름과 과시의 자리에서 가이아 여신의 현존을 느낀다. 신전이 자연의 자리에 대한 '건방진 침입자'로 보일 따름이다.

그런데 이 지점에서, 아폴론의 힘은 자기 충족만이 우선인 제왕적 자아의 힘은 아닌 듯하다. 통제와 명료함으로도 누를 수 없는 혼란과 불안이 내면에 팽팽히 공존하는 강박의 아폴론이 보인다. 누구나 살면서, 삶의 방향타는 계획이나 예측이 아니라 우연한 만남과 돌발적 사건들이 돌려놓는다는 걸 경험한다. 이럴 때, 오롯이 스스로 불완전한 삶을 예측하고 통제해야 한다는 강박적 염원은 고통을 받는다. 신화학자 크리스틴 다우닝Christine Downing은, 그리스는 왜 이런 갈등을 대변하는 힘을 남신으로 상상했는지 질문한다. 다우닝은 심리학적으로 여자아이보다는 사내아이가 어머니로부터 분리와 독립의 필요에 대한 확신이 훨씬 강하기 때문이라 설명한다. 제임스 힐먼은 남성은 영원히 어머니 콤플렉스를 극복하지 못하기에 가부장제가 도래했다고 말했다. 결국 아폴론은 레토의 아들이면서 동시에 가이아와 피톤의 아들인 셈이다.

우주의 추는 진자 운동을 하는 것일까? 델포이에서 일어난 '용을 죽인 영웅(아폴론)'의 이야기가 정반대로 뒤집힌 사건이 현시대에 일어나고 있다. 이 거대한 전환의 징후들을 목격한다. 비근한 예가 바로 카를 융이 영웅 지그프리트를 살해한 꿈 이미지일 것이다. 동이 틀 무렵, 지그프리트가 해골로 만든 수레를 타고 산등성 위로 모습을 드러내자 바위 뒤에 낯선 원시인 청년과 함께 숨어 있던 융은 지그프리트를 총을 쏘아 죽인다. 하늘에서는 비가 세차게 쏟아지고, 융은 엄청난 죄책감과 충격에 휩싸인다.

지그프리트는 용을 무찌른 것으로 유명한 독일 설화의 영웅이자 독일 낭만주의의 이상이다. 이 꿈을 융 개인의 차원에서 해석하면 곧 자신의 영웅적 태도에 대한 죽음이자, 고도로 지적인 이의 죽음이자, 품고 있던 이상의 죽음을 뜻한다. 아폴론이 용을 죽이고 그 자리에 이성과 합리의 질서를 세운 것처럼, 융은 꿈속에서 지그프리트를 죽임으로써 억압된 무의식을 다시 해방시킨 것이다. 이런 과정을 통해 융은 《레드 북》을 쓸 수 있었던 게 아닌가 한다. 다가올 인류를 위한 책이라는 《레드 북》은 굉장히 난해하면서도 흥미진진하다. 책 전체가 거대한 역설로 이루어져 있다. 마치 오라클의 언어로 회귀한 듯한데, 아폴론식 문법에 익숙한 현대인에게는 그저 이해하기 어려운 수수께끼처럼 다가온다.

그리스는 다신의 세계다. 올림포스는 여섯 여신, 여섯

남신이 균형을 이루고 있고 아폴론은 이 열두 신 중 주요한 한 자리를 차지한다. 그런데 지난 3000여 년 동안 인류는 아폴론의 시대를 살았다고 해도 과언이 아닐 정도로 편향되게 발전해 왔다. '몸 없는 머리' 이미지가 아폴론의 시대를 살아낸 우리의 현재라면, 다시 온전한 몸, 땅, 어두움, 그리고 모든 창조의 근원인 혼돈으로 의식의 눈을 돌려야 하지 않을까?

그럼에도 불구하고 아폴론이 내뿜는 빛은 찬양하기에 마땅하다. 꿈을 공부하고 신화를 전공한 사람으로서 나는 '꿈 말 알아듣기'를 일생 염원한다. 또한 역설이 진리에 가장 가까운 표현임을 이해하고 존중한다. 그야말로 '신탁의 언어'에 완전히 감응하고 있는 사람이다. 하지만 나 또한 은유와 상징으로 뒤덮인 꿈과 신화를 이해하는 데 있어 아폴론의 논리를 사용한다. 그룹 투사 꿈작업에 참여했던 한 수학자는 언젠가 내게 '당신은 매우 수학적으로 사고한다'고 말해 준 적이 있다. 꿈과 신화는 무의식의 언어이나, 이 언어를 이해하는 과정에는 철저하게 이성적이고 논리적인 사고방식이 요구된다. 환한 이성과 지성의 빛을 횃불처럼 들고서 광대한 무의식 세계를 탐험하는 것이 무의식에 먹히지 않는 유일한 길일 것이다. 신탁의 언어를 존중하기에, 아폴론의 눈과 귀를 연마하게 된다.

4장

헤르메스

◆

경계를 넘나드는 신비로운 신

I was not, I came to be.

I was, I am not: that is all.

And who shall say more, will lie:

I shall not be.

나였던 적은 없어, 나는 늘 되어 가고 있으니.

나를 봤다면, 지금의 나는 아니야. 이게 전부야.

그리고 더 보았다고 말한다면, 그건 거짓말이야:

미래의 나 또한 없어.

- 고대 그리스 헤르마herma에 새겨진 경구(《C.I.G》 6745)

헤르메스는 머리에 날개 달린 모자를 쓰고, 손에는 마법의 지팡이를 든 채 날개 달린 샌들을 신은 모습으로 유명하다. 동작도 생각도 잽싸고 날렵해 마치 중력으로부터 자유로운 듯하다. 가장 높은 올림포스에서 가장 깊은 하데스의 세계까지, 헤르메스가 가지 못할 곳은 세상 어디에도 없다. 물처럼 돌아들고 바람처럼 가변적이라 어떤 걸림돌도 장애물로 헤르메스 앞에서는 작동하지를 않는다. 지혜로운지 장난꾸러기인건지, 영리한지 교활한지, 심지어 골탕 먹고 있는 건지 같이 즐기고 있는 것인지조차 구분할 틈을 주지 않는 샘솟는 위트와 트릭의 소유자다. 그러니 헤르메스를 '규정'하거나 '단정'하는 일은 상상조차 불가능하다. '이거다!' 하는 순간 헤르메스는 이미 그 자리에 없기 때문이다. 우리네 표현 중에선 '도깨비 같다'는 말이 헤르메스가 가진 뉘앙스에 가장 가깝지 않을까 한다.

'애매모호'는 헤르메스의 핵심 특질이다. 우리말로 헤르메스를 찾아보면, '도둑' '사기꾼' '모사꾼'이라는 말로 시작되는 서술이 많다. 그러나 이는 헤르메스를 잘못 이해한 결과다. 헤르메스는 도둑질을 한다. 그러나 반드시 그에 상응하는 무언가를 제시한다. 도둑질당한 당사자는 그를 받고 만족해하며 행복해지기까지 한다. 이런 헤르메스에게 직접 '당신은 도둑인지'를 묻는다면, 그는 뻔뻔하고 당당하게 '나는 거래를 했을 뿐'이라고 답할 것이다. 아마 입꼬리를 살짝 올린 채 '오히려 내가 손해 봤다'며, 상인들이 자주 쓸법한 말도 덧붙일지 모른다. 헤르메스는 상업의 신, 무역의 신, 부의 신이다.

잘 알려진 고가의 명품 '에르메스'는 이 신의 이름을 브랜드명으로 사용했다. 구매자도 판매자도 헤르메스의 트릭을 존중할 줄 아는 듯하다. 누구도 에르메스 제품의 값어치를 상세히 따지지 않는다. 원가는 얼마인지, 가성비 따위는 중요치 않다. 비싸기 때문에 갖고 싶어지는 사람의 욕망을 최대한 존중하기에, 그에 걸맞은 값을 매겨 사는 이에게 만족감을 선사하고 파는 이는 그 대가로 부를 얻는다. 헤르메스의 트릭에는 모두를 행복하게 해 주는 마법이라도 숨겨져 있나 보다.

헤르메스가 부의 신이 된 데에는 그가 언어의 연금술사, 대화의 신이라는 점이 중요하게 작용했을 것이다. 헤르메스는 흥정과 협상의 달인이다. 헤르메스에겐 그 자체가 놀이인지라, 정찰제는 헤르메스 영성에 대한 모독이다. 뜨거운 논쟁이 한창인 회의장도, 언어 구사에 있어 고도의 기술적 우아함을 요하는 외교 현장도 헤르메스 신이 관장한다. '말 예술'의 꽃이라 할 수 있는 스토리텔링 또한 헤르메스가 수호신이다.

재능있는 이야기꾼은 청중을 이야기 속으로 즉각 빠져들게 만든다. 그를 통해 청중은 울다가도 웃고, 너무 웃어 눈물을 쏙 빼기도 하며 감정 치유를 경험한다. 만일 강연이나 연설을 하는 어떤 연사가 듣는 이를 따분함으로 질식시키는 사람이라면, 그는 헤르메스 신의 지팡이가 한 번도 몸에 가닿지 않은 사람들이다.

극적 과장과 적절한 양념으로 버무린 헤르메스의 이야기가 과연 진실한가를 묻는 것은 무의미하다. 그건 이미 다른 신의 영역이기 때문이다. 헤르메스 언어는 대단히 효과적이다. 마치 궁정의 광대처럼, 그는 서슬 퍼런 권력자 앞에서도 뼈 있는 진실을 농담처럼 던져 처벌 대신 폭소를 끌어 낸다. 만약 그가 그저 거짓말쟁이에 불과하다면 누가 그에게 귀를 기울이겠는가? 헤르메스는 어디서나 환영받고 사랑받는다.

고대 그리스인들은 침대 머리맡에 헤르메스 이미지를 두었다. '작은 죽음'이라는 잠의 세계로 들어갔다 나오는 과정을 안전하게 이끌어 주는 신이기 때문이다. 또한 헤르메스는 사자死者의 영혼을 지하 세계로 인도하는 신이기도 하다. 모두가 두려워하는 하데스의 세계를 자유롭게 왕래하는 신이, 우리가 잠이나 죽음의 신비를 맞이할 때 곁을 지켜 준다는 것은 위안이 된다. 헤르메스는 문지방과 경계의 신이기도 해서 낮에서 밤으로, 이승에서 저승으로, 한 자리에서 다른 자리로 넘어갈 때 언제나 길라잡이로 등장한다.

지하 세계와의 친연성을 지닌 영혼의 인도자이자 연금술의 신이기에, 헤르메스는 심층심리학의 수호신이기도 하다. 심층심리학은 보이지도 잡히지도 않는 무의식 탐색에 주안점을 두는 심리학의 한 분야다. 이 분야의 선구자인 프로이트는 고대 그리스인이 하데스의 세계라 부르고 현대인이 무의식의 영역이라 칭하는 이 미지의 세계로 인간 탐색의 범위를 확장시켜 주었다. 또 다른 선구자인 카를 융은 본인이 연금술사이자, 대단히 헤르메스적인 인물이다. 무의식의 세계에서만 이루어질 수 있는 놀라운 성장과 변화를 먼저 체험하고, 이 세계를 탐색하려는 이들을 위해 정교한 지도를 그려 주었다. 표면에는 드러나지 않는, 우리가 '심층'이라 부르는 보이지 않는 수직의 깊이 안에서 영혼의 가치를 탐구하는 심층심리학의 수호신으로 헤르메스만큼 어울리는 신은 없을 것이다.

이 도깨비 같은, 그러면서도 그 중요성을 가늠하기조차 어려운 신을 우리 각자의 삶에서는 어떤 순간에 만나게 될까? 헤르메스의 안내를 통해 하데스의 세계에 들어갔다 나오는 경험과, 페르세포네가 그러했듯 강간이나 납치 같은 파국적 사건으로 하데스를 경험하는 일의 차이는 무엇일까? 모순, 애매함, 트릭, 위트, 기지와 순발력 그 자체인, 잡힐 듯 잡히지 않는 이 모호한 영성이 우리 각자의 영혼에 어떤 의미를 지닐까? 헤르메스는 부의 신인데, 우리가 자신의 심층을 탐색할 때 얻게 될 '부'는 과연 어떤 것일까? 이제부터 대화의 귀재이자 연금술의 수호신, 제우스의 전령, 재기발랄한 트릭스터 trickster, 그야말로 역설 그 자체인 헤르메스 신과 만나 보자.

천부적 트릭스터, 헤르메스의 탄생

초라한 동굴 안 요람에서 헤르메스가 막 눈을 뜬다. 그는 제우스신의 아들이다. 그런데 태어난 자리가 지나치게 초라하고 보잘것없다. 헤르메스는 어머니에게 자기 신분에 걸맞은 부를 자신의 재주로 스스로 일구겠다고 약속한다. 태어난 지 이틀째, 약속한 바를 실행에 옮기려는 듯 헤르메스가 첫 행보를 시작한다.

요람에서 일어난 아기 헤르메스가 동굴 문 틈새로 기어 나간다. 곧장 아폴론 신전으로 향해 그곳에서 소 50마리를 훔친다. 뒤늦게 이 사실을 알게 된 아폴론이 크게 분노하여 범인 색출에 나서지만 지상 그 어디에서도 범인의 흔적조

차 찾을 수 없다. 태양의 신 헬리오스는 해가 뉘엿뉘엿 넘어
갈 즈음 갓난아기가 소 떼를 몰고 가는 장면을 본 듯도 하다
며 애매하게 증언한다. 올림포스에서 갓 태어난 아기는 헤르
메스밖에 없다. 머리끝까지 화가 난 아폴론이 한달음에 헤르
메스의 동굴에 들이닥친다. 동굴 바닥에는 먹고 버린 소뼈들
이 잔뜩 쌓여 있다. "태어나자마자 한 짓이 도둑질이라니! 감
히 내 소를 훔쳐?" 헤르메스는 형 아폴론이 도대체 무슨 소리
를 하는 건지 영문을 모르겠다는 듯, 아기 특유의 순진한 표
정으로 잡아뗀다.

아폴론은 헤르메스를 심판관 제우스에게 끌고 간다.
가는 길에, 헤르메스의 눈에 발 앞에 거북이 한 마리가 들어
온다. 거북이를 집어 들고는 요리조리 만지느라 손이 바쁜 헤
르메스다. 그런데 갑자기 거북이의 몸에서 천상의 음률이 흘
러나온다. 지상에 처음으로 수금이 탄생한 순간이다. 음악의
신 아폴론이 아름다운 소리에 혹해 관심을 보이자, 헤르메스
는 직접 연주해 보라며 악기를 건네준다. 아폴론이 수금 연주
에 열중하는 동안 둘은 어느새 제우스 신전 앞에 도착했다.

신전에 들어서자 헤르메스는 제우스에게 재빨리 윙크
를 날린다. 그 순간, 제우스는 아폴론과 헤르메스 둘 사이에
무슨 일이 벌어진 것인지 감을 잡는다. 아폴론은 아기 헤르메
스가 동굴 문을 박차고 나와 자기 신전에 있는 소 50마리를
훔쳐 갔다며 잔뜩 화가 난 목소리로 피해자의 변을 한다. 형

의 말이 사실인지 묻는 제우스 신 앞에서 헤르메스는 뻔뻔하게 당당하다. 자기는 동굴 문을 열고 나간 적이 없을 뿐 아니라, 소는 훔친 게 아니라 수금과 교환했다고 말한다. 세상에 '무역'이라는 개념이 처음 탄생한 순간이다.

명사수 이미지로 대표되는 정확함과 거리감의 신 아폴론은 결코 어리석은 신이 아니다. 천둥 번개를 내리치는 제우스 신의 힘과 권위 또한 쉽게 다가설 수 있을 만큼 가볍지 않다. 헤르메스가 보인 이 정도의 뻔뻔함과 당당함은 차라리 감동이다.

아기 헤르메스는 동굴의 문 틈으로 기어 나갔지, 문을 직접 열고 나가지 않았다. 그러니 수학과 논리와 이성의 신인 아폴론의 진술은 온전한 진실이 아니다. 교환과 도둑질도 엄연히 다르다. 갓난쟁이가 아기 포대기를 가슴으로 끌어당기며 윙크로 유혹하는 순간, 아버지 제우스의 마음은 이미 녹았다. 헤르메스의 '윙크 소통법'은 자신을 보호하는 수단으로 작용한다. 또한 상황의 심각성을 누그러뜨린다. 아폴론의 명료함이 강조되는 자리에서 헤르메스는 애매함으로 응대한다. 헤르메스는 '이것은 이것'이라는 식으로, 한 사안을 고정된 의미로 환원시키는 걸 좋아하지 않는다. 대화는 말로 이루어진다는 단일한 소통 방식에조차 저항하는 듯하다.

헤르메스가 왼손에 수금을, 오른손에 피크를 쥐고 멜로디를 연주한다. 탄성을 자아내는 음악이다. 아폴론도 경탄해 절로 웃음을 짓는다. 신성한 음률이 아폴론의 심장을 흔들고, 사랑스러운 소리가 불러내는 달콤한 욕망이 그의 영혼을 변화시킨다. 헤르메스는 아폴론에게 이렇게 말한다. "영혼이 형에게 수금 연주를 하게 만드니, 직접 노래하고 연주를 해. 나에게서 얻은 재미를 마음껏 누려. 그렇지만 영광은 나에게 주오, 친구여."

현란한 유혹의 말 잔치다. '달콤한 욕망' '사랑스러운 소리' '심장에 꽂히는' 이 모든 표현은 욕망과 심미감의 여신 아프로디테를 묘사하는 수사인데, 헤르메스의 유혹은 아프로디테의 그것과 닮아 있다.

헤르메스는 발명가이다. 수금뿐 아니라 불, 알파벳, 무역, 코르크 마개, 지퍼, 토스터 등 올림포스 세계 각종 유무형의 발명이 헤르메스의 손에서 탄생했다. 헤르메스의 발명은 정확한 논리나 수식으로 복잡한 계산을 거친 뒤 이루어지는 게 아니다. 지난한 인고의 세월을 거쳐 탄생하는 것도 아니다. 무언가 손에 잡히는 걸로 뚝딱뚝딱 만들다 보면 놀라운 발명품이 툭 튀어나오는 식이다. 대단히 즉흥적이고 직관적이어서 거의 발견에 가까운 발명이다. 여기서 중요한 것은, 이 발명의 핵심에 '놀이'라는 태도가 자리하고 있다는 것이다.

최초의 악기인 수금 발명은 거북을 향한 헤르메스의 열린 태도에서 비롯되었다. 마치 수금이 거북 안에서 태어나기를 기다리고 있었던 듯하다. 헤르메스는 이렇게 말하곤 한다. "나는 모든 걸 다르게 바라보는데, 이는 내가 찾는 게 무엇인지 모르기 때문이다." 헤르메스는 호기심으로 세상을 바라보며 언제나 놀랄 준비가 되어 있다. 발명가들은 종종 사람들 앞에 황당한 아이디어를 제시하며 눈을 반짝이곤 하는데, 이런 자리에 늘 헤르메스 신이 함께한다.

아폴론은 계산이 매우 빠르다. 머릿속에는 이미 재간둥이 헤르메스를 가까이 두어야 자신에게 훨씬 이로울 것이라는 셈이 굴러가고 있다. 제우스는 순발력이 넘치며 재기발랄한 헤르메스가 마냥 사랑스럽다. 아폴론, 헤르메스, 제우스 그 누구도 당했다거나 패배했다는 느낌이 없다. 헤르메스는 어느 곳이든 발을 들여놓기만 하면 관심과 사랑을 받는다. 헤르메스의 유혹은 기꺼이 유혹당하고 싶다는 눌러 둔 욕망을 일깨운다. 이게 가능한 이유는, 헤르메스는 상대가 갈망하는 게 무엇이며 그를 어떻게 일깨우고 또 상대가 원하는 바를 어떻게 충족시키는지 알기 때문이다. 음악의 신 아폴론에게는 수금을, 근엄한 통치자 제우스에게는 웃음을 선사한 헤르메스다. 이 순간이 자신에게 만들어 준 기회 또한 헤르메스는 놓칠 리 없다.

제우스 신은 천부적 설득력과 유연성을 갖춘 헤르메스를 자신의 전령으로 임명한다. 초라한 동굴에서 가난한 여신 마이아의 아들로 태어난 헤르메스에게는 올림포스에 접근할 권한이 없었다. 그러나 그가 올림포스를 구성하는 12신의 지위에 당당히 이름을 올리는 데에는 그리 오랜 시간이 필요치 않았다.

기회, 타이밍,
순발력의 신

기회는 헤르메스 영성에서 빼놓을 수 없는 요소다. 기회를 뜻하는 영어 'chance'의 어원은 라틴어의 'cadens(우연히 떨어지는)'이다. 전혀 예기치 않았는데 코 앞에 툭 하고 떨어지는 행운이나 무작위로 주어지는 복을 말한다. 마치 위기의 순간 헤르메스 눈앞에 우주가 떨구어 놓은 거북이 같은 것인데, 거북이를 처음 발견했을 때 헤르메스의 태도를 좀 더 자세히 살펴보자.

거북이가 눈에 들어오자 헤르메스의 입가에 함박웃음이 번진다. 우주가 자신을 위해 이 놀라운 피조물을 보내 주었는데, 잘 활용하지 못한다면 이는 우주에 대한 모독이다. "양손으로 받들어 환영해야지. 손가락으로 건드려 볼까? 꾹 눌러도 보자. 한번 뒤집어도 봐? 질긴 창자를 당겨 딱딱한 등

껍질에 걸어 봐야지. 튕겨서 탄력도도 가늠해 보자.” 그러자 아름다운 소리가 울려 퍼졌다.

그리스의 건조한 토양 여기저기를 기어 다니는 산거북이는 여행자의 눈에도 쉽게 띈다. 그런데 헤르메스 앞에 나타난 이 한 마리 거북은 산야에 널린 그런 흔한 거북이 아니다. 절체절명의 순간에 우주가 떨군 거북이다. 화가 난 아폴론의 손아귀에서 벗어나게 해줄 뿐 아니라 제우스 신의 전령으로 임명되어 올림포스 12신으로 등극하게 되는 행운을 잔뜩 품은 거북이다. 앞서 언급했듯, 헤르메스는 이 거북이 무엇으로 변할지 모르기에 편견 없이 열린 마음으로 대한다. 거북에서 수금이 탄생할지는 헤르메스 본인도 몰랐을 것이다.

타이밍이 절묘하다. 시의적절한 출현과 기회를 포착하는 순간이 맞아떨어진다. 헤르메스가 상황을 기회로 만들어내는 것인지, 찾아온 기회에 적절히 화답하는 것인지는 구분이 모호하다. 어느 쪽이 되었든, 헤르메스는 언제나 새로 열린 틈새를 꿰뚫어 보며 특유의 기민함으로 기회를 포착한다. 헤르메스 특유의 자세, 한 발은 치켜들고 한 발만 디딘 채 기우뚱하게 균형을 잡고 있는 그 몸짓은 어디로 튈지 모르나 어디로든 튈 준비가 되어 있다는 일종의 ‘몸으로 하는 선포’ 같다.

기회의 반대편에 자리하는 것이 시스템이다. 구축된 질서를 존중하는 입장에서는 이 기민함을 기회주의라 폄훼할지 모른다. 루틴대로 움직이지 않고, 규칙을 무시하고 유혹하며 주위를 산만하게 만드니 그들에겐 이 무질서가 불편할 따름일 것이다. 반대로 '기회주의자'는 시스템 숭배자를 두고 애매함과 불확실성을 다루는 능력이 없는 이로 간주할지 모른다. 헤르메스는 정문이 아니라 문틈을 사랑하는 신이다. 확립이 아니라 역동의 신이다. 고정되기에는 가변적이고 거머쥐기에는 미세하다. 그런 그를 기회주의자라 폄훼한다면, 헤르메스는 유비무환의 태도가 삶을 안전하게 보장해 준다고 여기는 자들의 어리석음을 비웃을지 모른다. 물론 삶에는 준비가 필요한 지점이 분명히 있고, 준비하는 사람은 보통 많은 성취를 이룬다. 그러나 지나온 인생길을 돌아보자. 상상치도 못했던 사건 사고나 인연들이, 마치 운명의 신이 배치해 둔 장애물처럼 내 길을 막거나 방향을 뒤바꾸어 놓은 순간들이 많다. 그것이 희극이든 비극이든 운명의 실타래는 오히려 우연히 앞에 떨어진 기회와 놀라운 인연들로 직조된다.

　　헤르메스는 점성술과 연금술 같은 비전秘傳의 창시자이기도 하다. 이 세계는 통과 의례를 거치지 않은 사람들에게는 영원히 풀리지 않는 수수께끼와도 같다. 늘 그 자리에 존재하나, 알아보지 못하는 이들의 눈에는 보이지 않거나 아무런 의미가 없을 따름이다. 확실하고 이성적인 것만을 중시하는 아폴론적인 사람들은 부인하는 세계일지 모르나, 신비란 본래 베일에 싸여 있을 필요가 있다. 무엇을 드러내고 무엇을 감출지를 결정하는 것이 헤르메스 영성의 핵심이다.

통찰, 즉 무언가를 꿰뚫어 본다는 것은 표면 너머 심층
의 지식을 포착해 앎을 얻는 과정이다. 이 통찰에 수반되는

기회는 곧 헤르메스적 영성으로의 초대다. 이미 틈이 없어 보이는 자리에서 틈을 찾아내고 새로운 물꼬를 터 주된 흐름을 돌려놓는 것, 이는 스스로를 드러낼 힘이 없는 의식에 길을 찾아 주는 영성이다. 이 초대에 기민하게 응한다면, 그 기회가 잉태한 수만 가지 가능성을 자유롭게 상상할 수 있을 것이다.

모두를 승자로 만드는
장사꾼 헤르메스

아폴론에게는 화살이, 디오니소스에게는 남근이, 헤파이스토스에게는 장인의 솜씨가 저마다의 무기인데, 헤르메스에게는 말이 무기다. 헤르메스는 상인의 신, 여행자의 신, 조정과 중재의 신이다. 장사도 일종의 중재다. 상품이 한 주인에서 다른 주인으로 넘어가는 과정에 흥정이 오가고 부가 거래된다. 거래의 성사 여부는 사는 사람이 물건의 값어치를 믿도록 만드는 데 달렸다. 뻔한 거짓과 부드러운 유혹은 거래의 만족감을 높여 주는 양념이다. 상인이 '원가에 팔아 밑진다'는 거짓말을 슬쩍 던져 놓으면 구매자는 '득이 되는 거래'라며 눈먼 기쁨을 충족한다. 이윤과 도둑질의 차이는 본래부터 애매한 것이다.

국토 대부분이 여러 바다와 접해 있고 섬이 많은 그리스는 역사 초기부터 상업과 해상 무역이 번성했다. 오늘날에도 '선박왕' 하면 그리스인을 떠올릴 정도인데, 미노스와 미케네 시대부터 에게해를 중심으로 와인, 올리브 오일, 금, 최상급 도자기 등을 거래하는 해상 무역이 발달했다. 이 무역로를 따라 그리스의 문화와 사상이 지중해 유역 소아시아에서부터 아프리카와 이집트, 페니키아까지 전파되었다.

그리스의 첫 상인은 해적이었다. 인류 초기 상업은 훔치거나 약탈한 물건을 내다 파는 것에서부터 비롯되었다. 그러니 시작부터 장사와 도둑질은 뗄 수가 없다. 그리스어에도 이런 흔적이 엿보이는데, '훔치다'를 뜻하는 그리스어 'klepto'의 어근 'klep-'은 '속이다' '위장하다'의 의미를 가지고 있다.

소 50마리와 수금을 교묘히 교환하는 헤르메스의 행위는 도둑질과 거래 사이의 경계를 모호하게 만든다. 형의 소를 훔친 것이 정당한지에 대한 문제는 차치하고, 헤르메스는 폭력을 경멸한다. 이는 도둑의 특성이기도 한데, 소매치기로 슬쩍하거나 타인의 공간에 잠입해 값나가는 물건을 훔치는 것이 도둑의 일이다. 꿈을 탐색하면서 나는 사람들의 꿈에 도둑이 자주 등장한다는 점을 알게 되었고, 이를 통해 도둑에 대한 새로운 시각을 갖게 되었다. 도둑의 원형적 전문성을 생각해 보게 되는데, 폭력 없이 혹은 최소한의 파괴를 거쳐 기존에 존재하지 않던 의식이 침범할 때 꿈에 도둑이 출현하는 경우가 많다.

꿈속의 도둑은 내가 무엇을 도둑맞으며 살고 있는지 알게 해 주기도 하지만, 더 빈번하게는 새로운 아이디어나 생소한 힘이 무의식의 심부로부터 유입될 때 나타난다. 카를 융은 '우리가 의식으로 불러오지 못한 것들은 바깥에서 운명처럼 다가올 것'이라 했다. 이는 이미 확립된 가치나 시스템의 입장에서는 분명 위협이다. 하지만 영혼의 돌봄이라는 관점에서는 반대의 의미를 지닌다.

꿈에서 트릭스터 침입자는 정문으로 들이닥치지 않고 창문이나 틈새로 기어든다. 그것이 기존 구조를 가장 적게 손상시키는 비폭력적인 방법이기 때문이 아닐까 짐작해 본다. 또한 자아의 입장에서는 침입이나 위협으로 다가오지만, 도둑의 입장에서는 엄청난 선물을 마치 산타 할아버지처럼 기발하게 제공하는 것일 수 있다.

헤르메스가 선사하는 창의적 에너지와 새로운 시각을 탁월하다고 해야 할지 그저 사기일 뿐이라고 여겨야 할지 딱히 규정하기 어려운 이유는, 그가 관습이나 확립된 법 테두리 너머에 존재하기 때문이다. 그렇다고 그가 범법자나 무법자인지를 묻는 일 또한 적절치 않다. 헤르메스는 그 둘 사이 '중간 지점'에서 양쪽을 잇는 중재자이자 조정자다.

언젠가, 개인적으로 큰 도움을 받았던 미국의 한 변호사로부터 헤르메스적 천재성을 직접 목격한 적이 있다. 막 박사 학위를 마치고 어느 대학에 시간 강사 자리가 생겼을 때였다. 미국에서는 유학생이 졸업 후 전공과 관련한 일을 하게 될 경우 실무 연수 비자를 받아야 한다. 나는 비자 취득을 위해 박사를 했던 학교 측에 서류를 요청했다. 이 비자는 학위를 마치고 3개월 이내까지만 신청할 수 있는데, 학교 행정실에서 요청서를 누락한 것인지 미뤄 두다 기한을 넘긴 것인지 그만 비자 신청 가능 기간을 넘겨 버리고 말았다. 문책이 두려웠던 모양인지 담당자는 '안타깝지만 어쩔 수 없지 않느냐'는 뻔뻔한 태도로 나왔다. 서러움과 막막함에 길을 걷는데도 눈물이 줄줄 흘렀다. 돈 한 푼 없으니 변호사를 찾는 건 엄두도 못 낼 일이었다. 그러다 어찌저찌 불법 이민자를 위한 무료 법률 상담 센터까지 찾게 되었다. 그곳에 가니 콜롬비아 출신의 체격이 큰 수녀님이 나를 맞아 주셨는데, 내게 '몇십 년 동안 이 일을 하고 있지만 당신 같은 고학력자가 찾아온 건 처음'이라고 하셨다. 수녀님은 샌타바버라 중심가에 있는 킹스턴이라는 변호사를 찾아가 보라고, '그 사람이 된다면 무조건 되고, 만약 안 된다고 한다면 미국에서 이 문제를 해결할 사람은 아무도 없다'며 경험에서 나온 조언을 해 주셨다.

나이 지긋한 유대인 변호사 사무실에 도착했을 때 내 서류가 팩스로 들어오고 있었다. 우연인지 뭔지, 내가 다녔던 학교도 이 변호사에게 자문을 구한 모양이었다. 결국은 킹스턴 변호사가 이 문제를 해결해 주었다. 비자 신청 서류에 이듬해 5월에 있을 졸업식 날짜를 적은 후 그 옆에 괄호로 박사 학위 취득일을 함께 적었다. 흔히 학위 취득일을 학생 신분이 종료되는 날로 간주하지만, 이민법에는 그 기준이 학위 수여

일인지 졸업일인지 명확한 규정이 없었다. 그 틈새를 변호사가 찾아낸 것이다. 변호사는 법을 어기지 않았다. 물론 학교도, 나도 마찬가지다.

헤르메스의 천재성은 거짓 또는 불법이라는 말로는 도무지 규정할 수 없는, 그 언저리 어딘가에 있나 보다.

어리석음은
죄인가?

그리스에서 도둑은 물질, 거짓은 지식에 관한 것이다. 도둑질과 거짓말에 대한 기독교인의 도덕과 그리스인의 도덕은 사뭇 다르다. 기독교는 남의 것을 훔쳐서도, 거짓말을 해서도 안 된다고 말한다. 반면 헤르메스는 타인에게 속거나 사기를 당해서는 안 된다고 말한다. 당하기 전에 먼저 냄새를 맡고 알아차려야 한다는 것이다. 이런 신을 두어서 그런지, 그리스인들은 누구를 속이는 일만큼이나 어리석게 당하는 것 또한 수치로 여긴다.

누군가 혹은 어딘가로부터 크게 화를 당하고 나서 '내가 어리석은 죄'라며 긴 탄식을 내뱉는 게 익숙한 우리 문화다. 각종 사건 사고를 저지른 이들이 '모르고 했다'며 선처를 호소하는 장면도 자주 볼 수 있다. 무지가 현대의 재판에서는 정상참작의 사유인지 모르겠으나, 모르고 그랬다는 말은 고대 그리스인이라면 절대 하지 않을 변명이다. 개인의 어리석은 판단이나 잘못된 행위가 본인은 차치하고서라도 주변인 또는 사회 다수에게 끼치는 폐해를 고려한다면, 고대 그리스인의 이런 도덕관은 한 번쯤 곱씹어 볼 만하다.

헤르메스를 양심의 부재라 단언한다면 경직된 도덕관으로 인해 중요한 걸 놓치고 있는 것이다. 헤르메스가 제공하는 것에는 어떤 '관대함'이 포함되어 있음을 잊지 말자. 그래서 관계가 이어지는 것이다. 상인과 구매자를 위해 저울을 발명한 신도 헤르메스다. 저울은 주고받음이 공정한지 가늠하는 도구다. 무한히 받기만 하려 든다거나, 적게 주고 많이 받고자 하거나, 자기 것은 못 챙기고 퍼 주기만 하려는 곳에서 헤르메스의 저울은 작동하지 않는다. 오히려 이를 역이용하려 들지 모른다. 일종의 역설인데, 헤르메스의 묘미는 소 50마리와 수금을 교환했던 아폴론과의 거래처럼 양측 모두 만족하고 행복해지는 데 있다는 사실을 기억할 일이다. 잘 운용된 저울은 모두를 승자로 만든다. 나르시시스트들이 유행병처럼 늘어나고, 개인의 욕망을 부채질하는 유혹이 도처에 널려 있는 시대를 살고 있다. 헤르메스의 저울과 모두가 승자가 되는 그의 마법을 우리 정신에서 회복해야 할 때다.

표현의 자유는
헤르메스의 선물이다

제임스 힐먼은 헤르메스의 힘이 검이 아닌 말에 집중되어 있다고 했다. 제우스가 헤르메스를 올림포스 신들의 전령으로 임명한 이유도 헤르메스가 지닌 말재주와 대화의 재능 때문일 것이다. 신의 메시지를 인간에게 전달할 때, 전령 헤르메스의 역할은 집배원이라기보다 오히려 외교를 수행하는 대사에 가깝다. 외교관이 그러하듯 헤르메스는 신의 메시지를 해석하고 교묘한 때 적극적으로 개입하는 일을 주저하지 않는다. 《일리아스》 최고의 감동은 트로이의 왕 프리아모스가 아들 헥토르의 시신을 수습하기 위해 아킬레우스를 찾아가는 대목이 선사한다. 바로 여기서 전령 헤르메스의 역할이 잘 드러난다.

제우스 신은 아들의 시신을 수습해 장례를 치러 주려는 프리아모스를 도우라며 헤르메스를 시급히 파견한다. 헤르메스는 먼저 그리스 군인들을 잠에 빠뜨린다. 적진으로 진입해야 하는 프리아모스가 누구의 눈에도 띄지 않도록 하기 위해서였다. 프리아모스가 막사에 당도했을 때, 적어도 서너 명이 들어올려야 하는 막사의 육중한 빗장을 헤르메스가 열어 준다. 그러고는 프리아모스에게 아킬레우스와 대화할 때 그의 마음을 움직이려면 어떻게 말꼬를 터야 하는지 조언한다. 여기서 헤르메스는 제우스의 명을 받들기만 하는 단순 전달자가 아니다. 목표한 바가 이루어질 수 있도록 상황에 적극 관여하고 조언도 아끼지 않는다.

전령의 핵심은 민첩함이다. 《일리아스》는 헤르메스 전령이 임무를 수행하는 모습을 이렇게 묘사한다. "불멸의 아름다운 황금 샌들을 발에 매어 신으니, 바로 이 샌들이 습한 바다와 끝없는 대지 위로 바람의 입김과 함께 그를 날라다 주었다." 조선의 파발마들이 바람을 가르고 달렸듯, 헤르메스는 날개 달린 황금 샌들을 신고 공기를 가르며 날아다닌다.

외교 현장은 고도로 섬세한 언어 사용과 세련된 매너가 요구되는 곳이다. 무엇보다 외교 사절은 자신이 공동체를 대표한다는 점을 잊지 말아야 한다. 그래서 이런 자리에는 언제나 헤르메스와 아테나가 함께 등장한다. 여신 아테나에게 중요한 것은 자신이 체현하는 정의의 원리가 지켜지는 것이다. 헤르메스에게 중요한 것은 양쪽 간 충분한 소통이다. 각자 자신의 입장을 표명하되, 상대의 입장을 충분히 듣는 과정이 존중되어야 한다. 오늘날도 마찬가지다. 외교 현장에서 이 두 신이 대변하는 원칙들이 지켜지지 않을 때, 시민들은 불안과 불만을 느낀다.

고대 그리스에서 전령의 역할은 해외 사절뿐 아니라 그리스 시민이나 군대를 격려하며 사기를 진작시키는 일까지 포함이었다. 요즘으로 치면 전자는 대사나 사절, 후자는 의장이나 중재자 혹은 위문단이나 응원단의 역할이다. 그리스식 표현으로, 전령은 '마지막 열에 있는 사람까지 말하게 하고 맨 앞 열에 있는 사람까지 들을 수 있도록' 공간 전체를 관장한다. 화자에게는 '명확한 목소리를 지닌 전령으로부터 전령의 지팡이 카두케우스Caduceus를 받아 들고 이야기하라'는 규칙을 확실히 지키도록 한다. 대화가 싸움이나 논쟁으로 번질 때, 전령은 어느 한쪽 편을 들지 않는 냉철한 의장의 역할을 수행한다. 싸움에 끼어드는 대신 진행 과정을 지켜보며 합의에 이르도록 이끈다.

고대 그리스에서는 전령을 신성시했다. 전령을 특별히 존중했을 뿐 아니라 전령의 말에 복종해야 한다는 믿음이 있었다. 이는 전장에서조차 엄격히 지켜졌다. 고대 그리스의 전투 장면이 등장하는 영화에서 종종 볼 수 있는데, 전령이 흰 천을 매단 지팡이를 들고 나타나 자신이 전령임을 밝히며 현장의 소요를 가라앉힌다. 흰 천의 위력은 《일리아스》와 《오디세이아》에도 잘 드러나는데 그중 한 대목을 소개한다. 최고의 전사들인 헥토르와 아이아스 간의 결전이 장시간 이어진다. 전령 이다이오스가 나타나 "자, 사랑하는 아들들이여! 이제 전쟁과 전투를 중지하시오. 구름을 모으는 제우스께서는 두 분 다 사랑하시며 두 분 다 훌륭한 장수들이오. 우리 모두가 그것을 보았소이다. 벌써 밤이 다가왔으니 밤에게 복종하는 것이 좋을 것이오(《일리아스》 제7권 278~282행)." 헥토르와 아이아스는 이 말에 복종해 즉시 싸움을 멈춘다.

많은 사람들이 논쟁을 벌이는 자리에서도 전령은 지팡이의 권위와 진행 절차에 대한 직관적인 이해를 동원해 대화가 민주적으로 이어지도록 돕는다. 만약 논쟁이 신랄해져 정해진 대화의 규칙이 잘 지켜지지 않으면 지팡이를 화자에게 넘겨 주어 말할 권리를 부여하고 다른 그룹은 경청하도록 만든다. 전령은 군중 심리나 집단의 응집력, 그리고 합의와 결정에 이르는 과정을 무척 잘 알고 있는 전문가였을 것이다.

헤르메스는 협상이 결렬되거나 민주적 절차가 존중되지 않을 때, 숨겨진 음모가 있을 때 진노한다. 헤르메스가 부재한 자리에서는 흔히 파워 게임이 벌어진다. 개인의 안건이 대화 전체를 압도하거나, 상호 존중이 무시되거나, 일방적 의견을 힘으로 몰아붙이는 자리에 헤르메스 영성은 깃들지 않는다.

헤르메스의 지팡이, 카두케우스를 살펴보자. 막대기를 중심으로 두 마리의 뱀이 서로 얽히며 올라가는 형상이다. 이는 상반된 힘을 통합해 균형에 이르는 과정을 상징한다. 또한 빼어난 리더십을 상징하기도 한다. 리더는 서로 싸우는 집단 한가운데에 이 지팡이를 세운다. 대립하는 견해들 사이에서 새로운 합의를 도출하고, 의견을 조율하거나 적대적인 그룹을 화해시키기 위함이다. 이런 의미에서 카두케우스는 곧 '민주주의의 지팡이'이기도 하다.

진정한 민주주의는 대화의 질, 그리고 의사 결정에 미

치는 영향력이 그 토대가 되어야 한다. 언론의 자유가 억압될
때 사회 전반에 불편과 불안이 감도는 것은, 선거만으로는 민

주주의가 완성될 수 없음을 시민들이 본능적으로 알고 있기 때문이다.

바야흐로 언론 지형이 급변하는 시대다. 매체는 다양해졌고 개인 방송은 폭발적으로 늘어났다. 우리는 경험한 적 없는 형태의 저널리즘을 실험하는 새로운 장에 서 있다. 그 어느 때보다 대화의 신 헤르메스가 체현하는 원칙, 그리고 '대화의 질'을 숙고해야 할 때다. 자유로운 의사 표현은 헤르메스가 준 선물이며, 민주적인 대화는 신이 내린 은총임을 기억해야 한다.

헤르메스가 지닌
여성적 지성의 힘

다신관을 토대로 사람과 세상을 바라본 고대 그리스는 지성이라는 개념도 여러 갈래로 분화해 인식했다. 헤르메스의 지성은 메티스Metis 계열에 속한다. 메티스는 지혜를 의인화한 여신이다. 또한 제우스의 첫 아내이며, 본래 오케아니데스Okanides에 속한 신으로 지구 전역에 존재하는 '깊은 물'과 관련이 있다. 곳곳에서 솟아나는 샘물을 의인화한 여신이기도 하다. 서양뿐 아니라 동양에서도 물을 지혜의 상징으로 여기는데, 물의 투명성, 즉 심부를 환히 들여다볼 수 있는 물의 성질이 지혜를 연상시키는 보편적 특질이어서가 아닐까 짐작한다.

　　신화는 ‘최고의 지성’인 여신 메티스가 낳을 아이가 그 지혜를 물려받아 제우스의 자리를 위협할 것이라는 예언에서 시작된다. 제우스는 이를 막기 위해 메티스를 삼켜 버린다. 이때 메티스는 아테나를 임신한 상태였기에, 태아는 제우스의 몸에서 자라 제우스의 머리로부터 탄생하게 된다. 이로써 아버지로부터 직접 태어난 딸이라는 놀라운 이미지가 만들어졌다. 여기서 메티스-제우스-아테나의 연결성이 드러난다.

　　반짝이는 아테나 지혜의 본 뿌리는 바로 어머니 메티스다. 또한 제우스는 메티스를 함입함으로써 메티스의 지혜를 강제로 자기 것으로 만들었다. 제우스와 아테나는 각기 다른 탁월한 지혜와 리더십을 지니고 있지만 그 기반은 모두 메티스인 셈이다. 앞서 헤르메스의 지성 또한 메티스 계열이라고 했다. 헤시오도스가 ‘모든 신들과 인간의 지혜를 합친 것보다 더 지혜로운 여신’이라 칭송한 메티스 지성의 특징은 과연 무엇일까?

　　메티스 지혜의 핵심은 직관력이다. 직관은 마치 샘물이 샘솟는 것처럼 몸의 심부, 본능으로부터 나오는 아이디어나 통찰이다. 이는 이성이나 분석이나 추상 같은, 머리에서 나오는 지성과 대조적이다. 직관을 영어로는 ‘gut knowledge’ 혹은 ‘gut feeling’이라 하는데, ‘gut’은 뇌와 가장 멀리 떨어진 장기인 창자를 뜻한다. 직관은 찰나의 순간에 그림 전체를 한눈에 꿸 수 있는 놀라운 힘이다. 다만 직관의 결과를 두고 ‘왜’를 설명하기는 어렵다. 직관은 단계적으로 빚어 가는 논리적 사고 체계가 아니기 때문이다. 말 그대로 '그냥 안다'가 가장 적절한 표현일 것이다.

직관은 '뱃속' '창자'와 관련 있는 무의식적 지성이며, 몸과 자연과도 친연성이 있다. 이성적 논리를 숭상하는 현대인, 즉 아폴론의 후손에게 직관은 그 가치에 걸맞은 대접을 받지 못할 뿐 아니라 종종 폄훼되곤 한다. 직관이 '비이성적'이라는 이유 때문이다. 비이성적이라 믿을 수 없고, 그래서 의지하지 못하니 오류라고 단정해 버린다. 그런데 신기하게도 현재 괄목할 만한 연구 성과를 나날이 쏟아 내는 뇌과학 분야에서는 창자와 뇌의 밀접한 관계를 부각시키고 있다. 장내 미생물이니, 장내 생태계니 하며 창자의 중요성이 다시 강조되는 시대다.

직관은 상황적 지성이다. 유연하고 실질적이다. 이는 관념에 사로잡힌 경직성과 대비된다. 헤르메스의 메티스는 섬광 같은 촌철살인으로 상대의 허를 찌른다. 이를 신화의 한 장면을 통해 직접 경험해 보자.

헤파이스토스는 아내 아프로디테와 아레스의 불륜을 침대에 쳐 놓은 그물로 잡아낸다. 벌거벗은 두 사람을 공중에 매달아 놓은 채 그리스의 신들을 전부 불러 모은다. 부정을 저지른 자들을 공개적으로 망신시키기 위해서였다. 그런데 이 자리에 남신들만 달려왔다. 이 야릇하면서도 난감한 현장에, 헤르메스가 나서서 이렇게 말했다. "그리스 모든 신들의 놀림거리가 될지언정, 아프로디테의 품에 하루만 안길 수 있다면

나는 기꺼이 창피를 감수하겠다.” 구원자 헤르메스다. 헤르메스는 이 한마디로 아프로디테의 부정뿐 아니라 헤파이스토스의 못남도 함께 비웃었다. ‘창피’ ‘분노’ ‘손가락질’ ‘원망’ ‘열등감’ ‘수치심’ ‘보복감’이 똘똘 뭉쳐 만들어진 무거운 자리를 웃음으로 폭파해 그저 웃어 넘길 가벼운 자리로 탈바꿈시켰다.

고대 그리스에서는 직관적 지성이 발달한 여인들을 메티스라고 불렀다. 메티스가 몸이나 자연과 친한 여성에게 잘 발달하리라는 건 쉽게 짐작이 된다. 이 메티스로 인해, 헤르메스를 두고 ‘몸은 남성이나 사고는 여성적’이라 하나 보다. 누군가 직관을 여성의 전유물로 규정하고자 한다면, 헤르메스는 남신이라는 사실을 기억할 일이다. 남녀를 불문하고 인간에게는 머리뿐 아니라 창자도 있다. 현대식 표현으로 IQ와 EQ, 좌뇌와 우뇌의 균형 잡힌 발달은 온전함을 추구하는 사람 누구나 지향해야 할 일이지, 성별 문제로 고착시킬 일은 아니다.

직관은 혁신과 창조성과도 연결된다. 창조적 영감과 놀라운 아이디어는 마치 무의식의 바다에서 돌고래가 공중으로 점프하듯 튀어나온다. 그 순간, 관련성이라고는 전혀 없어 보이던 개념들이 서로 절묘하게 연결된다.

고대 그리스처럼 지성을 다양하게 분화하여 이해하는 시각은 자신이 지닌 힘과 지혜를 연마하는 데 훨씬 도움이 된다. 메티스 계열의 통찰은 실질적이고 즉자적이며 유연하다. 머리로 대표되는 아폴론 계열의 지성이 전부라 알고 있는 현대인에게, 헤르메스가 체현하는 상황적 지성이나 직관의 힘은 낯설 수밖에 없다. 하지만 늘 복잡하고 모호한 우리 일상을 살기에 머리 지성만으로는 충분치 않다. 앎이 곧 힘이라는데, 이성을 넘어 메티스를 겸비한다면 지금으로선 상상하지 못할 정도로 지성의 지평이 넓어질 것이다.

리미널리티의 순간, 헤르메스가 나타난다

헤르메스는 마치 도깨비처럼, 예기치 않은 때에 예상하지 못한 모습으로 나타난다. 그럼에도 불구하고 헤르메스를 만날 수 있을 거라 예측 가능한 순간이 있다. 바로 '리미널리티liminality'의 순간이다. 리미널리티는 이곳도 저곳도 아닌 모호한 자리라는 뜻이다. 이를 은유적으로 경계, 문지방, 교차로, 갈림길 등으로 표현한다. 헤르메스는 리미널리티의 신이기도 하다.

고대 그리스는 마을 어귀마다 헤르마herma라는 경계석을 세워 마을의 안팎을 구획했다. 경계는 안과 밖, 여기와 저 너머의 사이이다. 심리학적으로는 삶의 한 단계를 마감하고 다음 단계로 나가기 위한 중간 자리이다. 어디에도 속하지 않는 이 자리를 누구나 예외 없이 경험하는데, 일생은 노화와 죽음을 향해 점차 소멸하는 단선적 형태가 아니라 죽고 거듭남이 되풀이되는 여러 발달 단계로 이루어져 있기 때문이다. 신화적 리듬을 존중하던 인류의 선조들은 통과 의례를 통해 매번 그다음 단계로의 전환을 인도했고, 이를 공동체가 함께 축복했다.

리미널리티는 개인의 삶뿐 아니라 집단적인 차원에서도 발생한다. 왕조, 제국, 패러다임, 종교 등 흥망성쇠의 리듬이 있는 모든 곳에 리미널리티가 존재한다. 신화적 언어로 리미널리티는 '지금까지의 신화는 수명을 다했으나 아직 새로운 신화가 도래하지 않은 시기'다.

리미널리티는 절단된 과거와 모호한 미래다. 삶을 지탱하던 매트릭스가 녹아내리고 해체되는 시간이기에, 안전과 보장을 갈망하는 이들에게는 거대한 위협으로 다가온다. 이 자리에 있는 누군가는 이렇게 표현했다. "밤새 무슨 일이 있었는지, 아침에 눈을 뜨니 세상이 달라져 있었다." 익숙했던 것들이 낯설어지고, 에너지는 고갈되며, 도무지 재미라고는 찾아볼 수 없다. 세상은 온통 잿빛으로 변한다. 매일 반복되던 출근길이 돌연 무의미해지고, '이게 다 무슨 소용인가' '도대체 무얼 위해 살았나' 같은 근원적 물음들이 걷잡을 수 없이 엄습한다.

리미널리티는 마치 온 우주가 공모라도 한 듯 삶의 도정에 혜성과도 같은 일격을 가한다. 실직, 심각한 질병, 죽음이나 이별, 배신, 억울한 사건 사고, 심지어 자연 재해가 삶에 제동을 건다. 그런데, 겉으로 드러난 이유가 없어도 이 시간을 경험할 수 있다. 심리학에서는 이런 시기를 '만 나이 49세'라

한다. '중년의 위기midlife crisis'다. 성공, 가족 부양, 지위나 명예, 축적한 자산 등을 위해 쏟아부었던 성인기의 영웅적 노력과 헌신이 물거품처럼 느껴진다. 삶의 궤도에서 이탈한 기분이 든다. '이제 더는 상관없어' '자유롭고 싶어' '살아갈 기력이 없어'라며 체념한다. 여기서 곱씹어 볼 만한 신화 이미지가 있다. 성배 신화의 주인공 파르지팔Parsifal 이야기의 한 장면이다.

온 유럽이 파르지팔의 영웅담을 노래하던 때, 아서왕이 최고의 기사 파르지팔을 치하하기 위해 연회를 베푼다. 그런데 잔치의 흥겨움이 고조될 무렵, 세상에서 가장 끔찍한 추녀가 나타난다. 추녀는 파르지팔의 영웅담 뒤에 가려져 있던 어두운 그림자들을 낱낱이 폭로한다. 파르지팔의 영광과 명예는 나락으로 떨어지고, 칭송받던 영웅이 하루아침에 파렴치한으로 전락한다. 누가 이 운명의 패대기침을 이해하고 받아들일 수 있겠는가? 이때의 최선은 '자신에게 일어나고 있는 것이 무엇인지 아는 것'일 뿐이다. 결코 나에게만 일어나는 일도 아니고, 내가 지금껏 잘못 살아왔기 때문에 벌어지는 일도 아니다.

삶이 평탄히 나아갈 때, 영혼은 잠을 잔다. 성인기에 기울인 영웅적 노력과 그로 인한 성취에는 지불해야 하는 대가가 있다. 바로 영혼의 상실이다. 그러니 역설적으로, 리미널리티에서의 방황은 그동안 무시하고 살았던 나의 영혼이 작동하고 있다는 표식이기도 하다. 그동안 편향되게 발달해 온 자신/영웅을 위한 무의식의 보상 작용이 작동하는 순간이다.

※ 데모스테네스의 헤르마. 사각 기둥 위에 인물의 두상
을, 아래쪽에는 남근을 조각해 넣은 독특한 양식이다.
본래는 헤르메스 신을 모시는 표지석이었으나, 훗날
언어의 신인 헤르메스의 권위를 빌려오기 위해 당대의
위대한 웅변가나 철학자를 이 형식으로 조각하기도 했
다. 데모스테네스는 고대 그리스 최고의 웅변가로 손
꼽히는 인물이다.

영웅의 자아에 추녀의 등장은 저주이지만, 온전함으로 나아가기 위한 필연이기도 하다. 삶은 분명 영웅적인 성취 그 이상을 원하기 때문이다. 중년의 위기는 삶의 전반부와 후반부를 가르는 중요한 경계다. 이 경계에서, 잠자던 영혼이 제 모습을 드러내길 원하고 관심과 존중을 필요로 한다.

중년의 위기는 곧 정체성의 위기다. 관계에 대한 태도나 사회적 역할의 변화를 꾀한다고 해도 이 위기를 극복하기에는 충분치 않다. 심리-영성적 의미의 전환이 필요하다. '영혼'의 개념을 온전히 이해하기는커녕 그에 면역조차 없는 게 우리의 현주소다. 극심한 우울에 빠진 채 소파에 누워 TV 리모컨만 돌리는 가장, 실직 후 서둘러 시작한 사업을 서둘러 폐업한 남자, 늦은 로맨스를 경험하던 중 자존심에 생채기를 입는 사람, 살아 있음을 입증하려 무리한 투자를 감행했다가 퇴직금을 날리는 사람…. 이 모두 그간의 익숙한 방식으로 위기를 극복해 보려던 이들의 모습이다. 그러나 내면에서 찾아야 할 답을 바깥에서 찾으니 길이 있을 리 만무하다.

모든 통과 의례가 그러하듯, 죽고 거듭나야 한다. 삶을 갈무리할 완숙의 시기로 넘어가기 위해서는 자신과 세상과의 정렬이 근본적으로 재배열, 재구성되어야 한다. 현대인에게 낯선 개념인 '영혼'이 삶의 중심으로 들어와야 한다. 이는 행위doing에서 존재being로의 전환이기도 하다.

애석하게도 위기일 때 비로소 영혼이 깨어나며, 무의

식의 존재들이 소리를 내고 제 모습을 드러낸다. 그러니 끔찍한 추녀의 등장은 필연이라는 것이다. 꿈을 공부하면, 악몽은 나쁜 꿈이 아니라 시급히 알려야 할 메시지가 있어 무의식이 관심을 촉구하는 방식이라는 걸 배운다. 중년의 위기라는 악몽은 무의식이 보내는 '구급 신호'다.

바로 이때 헤르메스를 만난다. 《일리아스》를 통해 헤르메스 신이 이 시기 우리에게 어떤 역할을 하는지 살펴보자. 헤르메스는 영웅의 삶이 다시 찬란해지도록 돕지 않는다. 트로이의 왕 프리아모스 앞에 모습을 드러낸 헤르메스는 죽은 헥토르를 살려 내지도, 트로이의 멸망을 막아 주지도 않는다. 프리아모스의 영웅적 자아를 돕는 대신 노쇠한 왕이 자신과 나라의 쇠락을 완결하도록 이끈다. 또한 걸출한 전사 헥토르가 합당한 장례를 치르고 그 영혼이 하데스에서 영원한 안식을 얻을 수 있도록 아버지 프리아모스를 돕는다. 헥토르의 죽음과 트로이의 패망은 거스를 수 없는 운명의 흐름이었을지 모른다. 헤르메스는 세상의 업적이 아니라 영혼의 필요와 충족에 관심을 가지나 보다.

심리적 위기의 정점인 '영혼의 어두운 밤'은 마치 태양빛이 완전히 사라지는 일식과도 같다. 그런데 깜깜할 때야말로 영혼이 잠에서 깨어나며 비가시적 존재들이 그 모습을 드러낸다. 성인기에는 책임이나 성공 같은 '바깥의 빛'을 향해 매진하는 것이 주 과업이라면, 삶의 후반부에는 눈을 안으로 돌려 내면 작업에 매진하는 것을 과업으로 삼아야 한다. 직장이나 부모 역할에서의 은퇴는 성인기 삶의 영예로운 졸업일 뿐이다. 성장과 발달 과정에 은퇴란 없다. '100세 시대'라는 말이 여기저기서 자연스럽게 들린다. 이전 인류가 가 본 적 없는 길이다. 갈무리의 시간이 이토록 길어진다는 것은, 활동하는 인간human doing보다 존재하는 인간human being이 우리의 본모습임을 깨닫도록 진화의 흐름이 이끄는 것이 아닌가 생각한다. 이 낯선 땅에서, 나는 리미널리티의 신 헤르메스의 출현을 고대한다. 그가 부의 신으로서 감춰 둔 풍요의 맛을 즐기려 새로운 모험을 꿈꾼다.

한낮에 밤의 신비를 펼쳐 내는 신

삶의 궤적을 회상하다 보면 참으로 많은 우연이 현재를 만들어 왔음을 느낀다. 길게 또 짧게 겹친 인연들, '진짜 나'를 알아 가게 해 주는 학교들, 지혜로 영글어진 스승들, 나란히 걷는 친구들, 배움을 요하는 난관들, 죽음이라고밖에 달리 말할 길 없는 암흑의 나날들, 영혼에 자국을 새긴 감동과 아름다움, 그래서 지금 이 자리…. 계획이나 목표를 세운 적이 없으니 무얼 달성하고 이루었는지 따질 것도 없다. 그런데도 우연처럼 펼쳐졌던 순간들이 서서히 퍼즐처럼 맞추어져 일관된 패턴과 제 모습이 드러나는 듯하다. 지금껏 우연이라 여긴 일들이 헤르메스의 설계라면 이보다 더 한 트릭이 있을까? 보여 주고 감추는 데 귀재인 헤르메스가 보이지 않는 운명의 실타래를 관장해 왔었나 보다. 신화학자 카롤리 케레니는 '헤르메스의 출현은 밤의 신비가 낮 동안 펼쳐지게 한다'고 했다. 밤의 신비가 점점 구체적인 실체로 다가오는 지금의 나이, 앞으로도 헤르메스와 만날 예기치 않은 순간들을 기대한다. 헤르메스 신이 열어 주는 기회에 대한 감각을 벼리며 삶이 펼쳐 내는 유머와 트릭, 웃음과 놀이를 오롯이 누리고 싶다. 리미널리티를 거치며 남은 삶은 밤의 신비와 영혼의 부를 향해 조율하려 한다.

5장

디오니소스

✦

억압을 부수고 환희를 깨우는 신

'조이joy'와 '엑스터시extacy'는 디오니소스 신을 대표하는 특질이다. 이 정서는 불처럼 뜨겁고 강렬하다. 내면에서 이글거리며 타오르는 불이 '열정'인데, 이를 목이 타도록 갈구하나 타버릴까 두렵다. 열정을 의미하는 영어 'enthusiasm'은 '안에'라는 뜻의 그리스어 'en'과 신을 뜻하는 'theos'에서 유래된 신령한 단어다. 신비가mystic들은 신에 대한 사랑으로, 사랑에 빠진 남녀는 서로를 향한 열망으로 불타오른다. 이는 심리학이 말하는 '절정 경험peak experience'과 유사한 맥락일 텐데, 디오니소스 신의 불길에 닿는 체험은 삶을 뜨겁게 고양시킨다. 이는 유한한 현실에서 벗어나 더 높은 세계로 들어 올려지는 특별하고 고귀한 경험이라, 신비가나 뭇 시인과 같은 예술가들이 열망해 온 심미적이고 초월적인 세계였다.

불행하게도 현대인의 디오니소스 신에 대한 이미지는 오해로 점철되어 있다. 코끝이 빨갛게 된 고주망태의 모습, 눈동자는 풀리고 혀가 꼬부라져 마치 짐승처럼 울부짖는 약에 취한 모습, 도박이든 게임이든 관계든 각종 중독으로 인간성을 상실해 버린 모습으로 디오니소스를 떠올린다. 질서를 깨부수고 문명을 파괴하는 광란의 폭도들, 전두엽 작동이 멈춰 버린 광신도 무리에서도 이 신을 떠올린다.

고대 그리스에서 디오니소스는 신이었다. 그들은 디오니소스를 신령함과 풍요로운 에너지의 원천으로 여겼으며, 건강과 온전함을 위해 꼭 필요한 힘이라 생각했기에 신으로 의인화하고 경외시했다. 또한 고대 그리스인에게는 신을 억압하거나 배격하는 개인 또는 집단은 벌을 받는다는 철저한 믿음이 있었다. 앞서 그리스 신들을 심리학에서는 원형이라 부른다고 했다. 원형은 억압되고 잊힐지라도 힘을 발휘하며, 억압된 원형은 각종 증상으로 만나게 된다. 제대로 섬기지 않은 신(원형)은 필연적으로 그림자가 되어 다가온다. 그런데 현대인에게는 신의 힘보다 그림자가 더 익숙할 따름이다. 신을 인간적으로 존중하지 않으니 비인간적으로 경험하게 되는 것이다.

현대인은 디오니소스 신을 망각했다. 신의 본질적 힘에는 무지한 채 왜곡된 고정관념만 존재한다. 디오니소스를 악마와 동일시하거나, 심지어 과거 나치가 소환한 전쟁과 광기의 신 보탄Wotan과 혼동할 정도다. 지금의 우리는 디오니소스를 크게 오해하고 있다는 점을 인정하고, 이제 그에 대한 새로운 상상을 시작해 보도록 하자. 신을 제대로 섬기면 풍요의 황홀경을, 경멸하고 무시하면 미치게 된다는 고대 그리스인들의 믿음을 염두에 두고 디오니소스 세계로 출발해 보자.

디오니소스가 등장하면 흥청거리는 축제가 벌어진다. 신의 대표 상징인 거대한 남근을 필두로, 몸과 세상을 깨우는 원초적 악기 소리가 천지를 진동하며 신명을 깨워 낸다. 반인반수 사티로스는 발기된 채 날뛰고, 늘 취해 있는 실레노스는 나귀 등에서 흐느적거린다. 켄타우로스가 자연의 정령인 님프들 사이를 껑충거리며 돌아다닌다. 저마다의 무정형과 무질서로 의기양양하다. 표범, 사자, 염소, 호랑이, 노새, 수소 등으로 변장에 능한 디오니스스가 표범이 끄는 마차 위에 높이 앉아 행진한다. 몸도 자태도 풍성하게 풀어진 신은 한 손에는 솔방울과 담쟁이덩굴로 장식된 지팡이인 티르소스를, 다른 손엔 풍요의 뿔인 술잔을 들고 있다. 시끌벅적한 이 무리가 도시로 들어서면, '마이나데스Maenades'라 불리는 여인들이 집에서 뛰쳐나와 야성적인 치유와 해방의 춤을 추며 행렬은 더욱 길게 이어진다.

이 자리가 흥분의 도가니인 축제의 장인지 무질서한 도착과 광란의 난장판인지는, 무리의 참여자가 되느냐 관찰자로 남느냐에 달린 듯하다. 격렬한 몸짓과 시끌벅적한 소리에 어우러지면 디오니소스 신의 풍요의 뿔을 맛보고, 맨정신으로 거리를 유지하며 이성과 의심의 눈으로 그저 지켜보는 자들은 신의 벌을 받아 미치게 된다. 어느 쪽이든, 디오니소스는 통제나 조절을 시도해 볼 수 있는 신은 아닌 듯하다.

디오니소스 추종자 대다수는 서민과 여성들이다. 이성보다는 감각, 질서보다는 해방, 위계보다는 평등이 절실한 자들의 신이다. 축제는 계층이 허물어지고 너와 나의 거리감이 해소된 채 '우리'라는 동질감으로 어우러지는 자리다. 해방과 자유와 평등이라는 이상이 지상에서 실현된다. 접촉이 두려워 이성과 규율의 방패로 자신을 가리고 몸과 군중의 힘을 혐오하는 사람들에게는 엄청난 위협일 수밖에 없다. 그러니 디오니소스 무리는 저절로 혁명가이자 선동가가 된다. 체제를 전복하고 세상을 혁신하려는 인간사의 모든 혁명에는 언제나 디오니소스의 자리가 존재하는 것이다.

아래로부터 시작되는 혁명의 정서적 토대는 '한恨'일 것이다. 세월이 지나도 기억에서 빛바래지 않은, 미처 곰삭지 못한 집단적 슬픔과 분노가 화산처럼 터지는 순간이 혁명이다. 흔히 디오니소스를 술의 신이라고들 하지만, 표출되지 못한 슬픔의 신이라는 표현이 더 정확할 것이다. 술은 거대한 슬픔을 흘려보내지 못하고 몸에 가둔 자들이 자기 몸에 하는 자가 처방이다. 토하지 못한 한숨과 흐르지 못한 눈물의 대치물이 바로 술이다. 우리네 '한의 신'을 고대 그리스에서는 '비극의 신'이라 불렀으리라. 마치 디오니소스가 관장하는 원형 극장의 형태처럼, 갈기갈기 찢긴 가슴들은 스스로 찢겨 본 디오니소스 신만이 너끈히 품어 주나 보다.

디오니소스 신의 자리는 경계의 땅이다. 제도의 바깥이든 도시의 바깥이든, 그야말로 '접경지대'다. 헤르메스가 이쪽도 저쪽도 아닌 경계선boundary의 신이라면, 디오니소스는 국경 지역이나 접경 마을 같은 '중간 영역'의 신이다. 광란과 제정신의 사이, 야생의 생명력과 우울의 사이, 성적인 결합과 플라토닉한 교감의 사이, 비이성과 이성의 사이, 여성과 남성의 사이, 무의식과 의식의 사이, 서로 다른 두 자질이 포개어지는 이 심리적 지형에 디오니소스 신이 나타난다. 오래 머물 수는 없지만 몸이든 의식이든 확장을 위해 반드시 서야만 하는 필연적인 자리이기도 하다,

디오니소스 신은 복잡하다. 종종 동물로 제 모습을 드러낸다거나 반인반수를 데리고 다니는 것은, 그의 힘이 의인화되기 이전 본능의 힘에 더 가깝다는 걸 시사하는 듯하다. 변장의 귀재이니 그를 고정된 존재로 규정하기도 불가능해 보인다. 명백한 사실은, 현대인에게는 양질의 디오니소스적 경험이 부재하다는 점이다. 신의 선물은 언제나 모호하다. 경험이 없으니 개념 또한 부재하고, 신의 특질을 묘사할 마땅한 언어조차 찾지 못하는 것이 지금 우리의 모습이다.

비극의 신이자 황홀경의 신, 남신이지만 여신으로 불리는 양성의 신, 풍요로운 자연의 신이자 초월적 기쁨의 신, 열정에 취하게 하지만 미치게도 만드는 모순의 신이다. 이런 통제 불가한 힘이 강력하기까지 하니 두렵기만 하다. 이제, 우리 무의식 깊숙이 들어가 버린 디오니소스 신과 본격적으로 만나 보자. 이는 그의 힘을 덜 두려워하거나 그의 힘 앞에서 덜 미치기 위한 것이라기보다, 그저 디오니소스 신의 광기와 광휘를 바른 맥락으로 알아보고자 함이다.

'두 번 태어난 신'
디오니소스

인간으로 변장한 제우스는 테바이의 공주 세멜레와 사랑에 빠진다. 얼마 지나지 않아 세멜레는 아이를 임신했고, 크게 기뻐한 제우스는 연인에게 원하는 것이 무엇이든 들어 주겠다고 약속한다. 스틱스강에 대고 맹세까지 한다.

이에 세멜레는 제우스의 본모습을 보고 싶다고 애원한다. 헤라가 질투한 나머지 세멜레에게 트릭을 써 벌어진 일이라고도 하는데, 세멜레의 소원은 바로 인간에게는 금기시된 신의 얼굴을 제 눈으로 직접 보겠다는 것이었다. 당황한 제우스는 그것만은 안 된다며 말려 보지만, 이미 제우스는 스틱스강에 무슨 소원이든 들어 주겠다고 맹세했다. 스틱스강을 걸고 한 맹세는 신조차 깰 수 없다. 하는 수 없이 제우스는 가면을 벗는다. 그 순간 세멜레는 순식간에 화염에 휩싸였고, 그 자리에는 재만 남는다.

그런데 불에 강한 담쟁이잎이 세멜레의 배를 덮고 있었던 터라 아기는 무사하다. 제우스는 서둘러 아기를 자신의 허벅지에 넣고, 달을 채워 출산한다. 이렇게 디오니소스 신이 탄생했다.

디오니소스는 불에서 태어났다. 신화 이미지에서 천둥과 번개의 신 제우스가 얼마나 강렬한 존재인지를, 나아가 신과 인간 사이에는 결코 넘지 못할 금줄이 있다는 것을 새삼 확인하게 된다. 또한 제우스와 세멜레의 이미지는 사랑에 빠진 연인들의 서로를 태울 듯한 열기, 연인 사이에서 벌어지는 화염에 싸인 듯한 마법 같은 순간들의 은유로도 읽힌다. 죽어도 좋을 순간, 한 줌 재로 화한들 대수일까? 사랑에 빠지면 220볼트의 밋밋한 일상에 1만 볼트의 전류가 흐른다. 온 우주의 인력이 오직 서로를 향해 쏠린 듯한 불멸의 연인들은 애끓는 열망과 맹렬한 섹스에 감전되듯 빠져든다. 세멜레가 이 정서의 주인공이다. 사랑하는 이의 광채가 자신이 감당하기에 너무 뜨거운 나머지 그만 불타 버리고 마는 비운의 연인이기도 하다.

이 사랑의 결실로 디오니소스가 태어난다. 아기가 태어나기 전 부모의 행동이나 부모의 타고난 기질이 뱃속 아기에게 전해진다는 걸 고려한다면, 아기는 불, 열정, 죽음, 엑스터시를 품고 세상으로 나왔을 것이다. 인간성을 태워 불멸로 화하는 듯한 찰나에는 마력이 작동한다. 감정과 감각의 고조로 자신을 상실한 채, 시간의 굴레를 초월하는 황홀경을 맛보게 된다. 그래서 사랑에 빠진 연인들에게 '불멸'이나 '영원' 같은 신적인 수식어를 붙이나 보다.

세멜레는 한 줌 재로 화한다. 광기에 가까운 흥분과 번개 맞은 듯한 충격은 인간이 감당할 수 없는 것이었는지, 정서적 클라이맥스가 한순간에 잿빛 슬픔과 한 줌 허무로 변한다. 천상의 맛과 죽음의 나락을 넘나드는, 마치 롤러코스터

✳ 페테르 파울 루벤스, 〈세멜레의 죽음〉. 제우스가 자신의 본모습을 드러내자 이를 감당하지 못한 인간 세멜레가 화염에 휩싸여 스러지고 있다. 브뤼셀 벨기에왕립미술관 소장.

같은 급격한 정서의 변화는 중독자들의 그것과도 유사할 것이다. 실제로 연인 중 어느 한쪽의 감정이 지나치게 강렬할 때, 상대가 그 열기를 감당하지 못하면 결국 한 사람은 타 버리고 만다. 정서적으로 소진되고 성적으로 고갈되며, 사회적 생채기가 남는다.

디오니소스는 어머니를 태우는 불길에서 살아남는다. 그래서 신인가 보다. 여기에는 담쟁이잎이 제 몫을 했다. 담쟁이와 포도 덩굴은 디오니소스 신을 상징하는 두 식물로 그리스 벽화나 도자기에 여인들의 화관 장식으로 빈번하게 등장한다. 강인한 생명력을 지닌 담쟁이와 포도는 둘 다 포도과 식물이다. 잎의 모양도 비슷하고 덩굴식물이라는 점까지 닮아 있지만 동시에 뚜렷한 차이도 드러난다. 이는 디오니소스의 이중성을 나타내는 이미지이기도 하다.

놀랍게도 담쟁이꽃은 암술과 수술이 함께 있는 양성화다. 양성 디오니소스의 식물답다. 담쟁이는 그늘이나 숲에서 잘 자란다. 반면 포도는 이글거리는 햇살과 여름 더위에서 풍성해진다. 포도잎이 떨어지는 서늘한 계절에도 담쟁이잎은 무성하다. 불에 강한 담쟁이잎이라는 신화의 묘사는 이 식물의 실제 속성을 담고 있다. 그리스 아티키 지역의 아르카나이Acharnae에서는 오래전부터 디오니소스 신을 담쟁이라는 뜻의 '키소스kissos'라 불렀다고도 한다.

불에서 나온 아기를 아버지 제우스가 구출해 '허벅지 인큐베이터'에 품은 뒤 나머지 달을 채운다. 카롤리 케레니는 이 이미지를 두고 고대 어머니 여신을 위해 남신이 행하던 희생 의례인 거세의 잔영이라 설명한다. 아무튼 디오니소스의 별칭인 '두 번 태어난 신twice-born'은 이 탄생 신화에서 비롯되었다. 어머니 자궁에서 한 번, 아버지 허벅지에서 또 한 번 태어난다. 태생적으로 양성의 자궁 둘 다에서 잉태된 아기다.

아버지 머리에서 태어난 아테나가 두뇌의 힘을 바탕으로 탁월함을 발휘하는 반면, 아버지 허벅지에서 태어난 디오니소스는 몸-성-자연이라는 야성의 감각 및 본능의 세계와 친연성을 지닌다. 아테나가 아버지, 아버지가 구축한 법과 체제의 계승자라면 디오니소스는 모계 전통의 계승자다. 디오니소스는 어릴 적 치마 입혀진 채 여아처럼 양육되었으며 님프라는 자연의 정령들이 그의 유모였다. 그래서인지 그는 땅과 자연으로 대표되는 물질적 세상의 즐거움을 추구하고, 무엇보다 여성 혐오가 전혀 없는 신이다. 한마디로 디오니소스는 몸을 통한 영성을 대표한다. 이전 그리스 우주에는 존재한 적 없던 새로운 신이 태어났다.

매드, 크레이지, 사이코시스의 차이

광기의 매개자 디오니소스다. 그 자신이 미쳤던 신이고 사람들을 미치게 만든다. 디오니소스의 로마 이름은 바쿠스Bacchus다. 이 이름과 깊은 관계가 있는 그리스어 'bakcheuo'는 '휘젓다' '울부짖다' '트랜스 상태에 빠지다' '광적으로 행동하다'의 의미를 지닌다. 우리에게는 낯설고 편치 않을뿐더러 두렵기까지 한 말들이다. 현대에서는 이런 정서들을 병리적 현상으로 간주한다. '미친' '미쳐 날뛰는' '제정신이 아닌' 사람에게는 '정신 건강'과 '사회 안녕'을 위해 재갈을 물려 둬야만

할 것 같다.

　그런데 고대 그리스인은 이러한 정서들에 대해 우리보다 훨씬 발달한 언어를 가지고 있었다. 나아가 '광기와 광란'으로부터, '풍요의 뿔'이라는 생명력으로 충만한 긍정적 의미를 발견했다. 그런 정서를 신의 특질로 간주하며 신성시했던 것이다. 현대인의 집단인식에는 너무나 낯설고 두려운 개념인 '광기'를 고대 그리스인들은 어떻게 보았는지 새로운 눈으로 접근해 보기로 하자.

　제우스 허벅지에서 태어난 디오니소스를 이모인 이노Ino와 이모부 아타마스Athamas가 돌본다. 질투하는 여신 헤라의 눈을 속이기 위해 디오니소스를 여장한 채 키우지만 결국 헤라의 눈을 피하지는 못한다. 발각되자마자, 헤라는 이노와 아타마스를 미치게 만든다. 제우스는 급히 전령 헤르메스를 파견하여 디오니소스를 염소로 둔갑시키고는 니사산Nysa에 숨긴다.

　산이 아기를 품어 주고, 자연의 정령들이 사랑으로 돌본다. 불에서 태어난 디오니소스를 비가 자라게 한다. 디오니소스는 자연이 주는 풍요와 감각의 즐거움을 만끽한다. 개인교사들도 있다. 뮤즈가 음악과 시를, 사티로스가 춤과 성의 환희를, 실레노스가 지혜를 가르친다. 사춘기에 이르자, 디오니소스의 본능적 힘과 기운을 더는 숨기려 해도 숨길 수가 없다. 이를 놓칠 리 없는 헤라다. 여신 헤라의 눈에 띄자마자 디오니소스는 미친다.

미친 디오니소스는 니사산을 떠나 세상을 떠돈다. 춤추고 노래하고 술 만드는 법을 전파하며 자신을 따르는 무리를 데리고 세상을 유랑하는데, 왁자지껄한 이 무리는 가는 곳마다 환영받는다. 무수한 여인들이 이들 행렬을 따라 산에서 춤추고 노래하며 날짐승을 잡아먹는다. 야생의 자연에서 광란의 축제가 벌어진다. 할머니 레아는 한동안 떠돌며 날뛰던 디오니소스의 광기를 정화한다. 그리고 고대 여성의 신비로 통과 의례를 거행한다. 디오니소스 신은 한층 더 강렬한 신으로 재탄생한다.

신화 이미지 전체가 '미쳐 날뛴다.' 디오니소스 신 자체도 헤라로 인해 '미친' 희생자인데, 여기서 '미치다'는 '광증'을 뜻할 것이다. 미쳐도 강력한 디오니소스 신은 사람들을 미치게 만든다. 그런데, 여기에 규칙이 있다. 디오니소스 신은 자신을 섬기기를 거절하는 사람들만 미치게 한다. 야생에서 게걸스럽게 먹고 마시며 몸도 마음도 풀어헤친 채 광란의 춤으로 날뛴 이들은 오히려 생명의 힘으로 풍요로워진다.

여기서 알 수 있는 중요한 지점이 있다. '미치다mad'와 '제정신이 아니다crazy'와 '광증psychosis'이 동의어가 아니라는 점이다. 도저히 보고도 믿기지 않는 감동의 순간, 우리는 '미쳤다'며 찬탄한다. 어처구니없이 황당한 사태 앞에서는 '미쳤구나!' 하고 탄식한다. 사실 우리는 야성의 여인들 마이나데스처럼, 그 대상이 연인이든, 스포츠든, 취미든, 심지어 일이든 무언가에 미치도록 몰입하고 열광하기를 갈구한다. 그리

고 무엇보다 자기 삶에 뜨겁게 미치기를 원한다.

특히, 의례의 순간이나 경이로운 자연은 미쳐야 마땅한 자리이다. 융은 《레드 북》에서 '현대의 기독교 정신은 광기madness를 결여하고 있다'고 했는데, 현대의 고등 종교 의례들은 진지하게 경건하나 매일의 일상과 별반 다르지 않다. 플라톤은 '광기는 이로울 뿐만 아니라 감탄스럽다'고 했다. 그런데도 이런 '이로운 광기'나 '경이로운 떨림'이 낯설기만 한 이유는 우리가 이 체험을 상실했기 때문이다. 소크라테스는 광기를 두 종류로 구분했다. 하나는 병리적 현상으로서의 광증이고, 다른 하나는 확립된 인습으로부터 하늘이 인간을 자유롭게 해 주는 순간이다. 하늘이 부여하는 자유와 해방감을 만끽하며 미치고 싶지 않은 자가 있을까?

앞서 할머니 레아가 디오니소스의 광증을 치료하고 광기를 정화해 통과 의례를 치러 주었다고 했다. 광기도 광증도 '불길'에 타야만 '하늘의 해방감'과 '천상의 지복'이라는 특별한 은총으로 나아갈 수 있는 듯하다. 신화학자들은 디오니소스 통과 의례가 그 어떤 통과 의례보다 위험하다고 경고하는데, 이는 감당할 수 있는 안전감의 경계를 뛰어넘어 아예 자신을 태워 버릴 만한 강도를 요하기 때문이다. 광기에 가까운 불길에 노출되지만 끝내 안전한 회귀로 이어져야만 하는 것이 디오니소스 통과 의례다.

그래서 실제 디오니소스 통과 의례의 전통이 보존된 곳에서는 철저한 규칙과 엄격한 시간제한을 둔다. 언제, 어떻게, 누가 의례를 인도할지가 매우 분명하게 정해져 있다. 디오니소스의 힘과 두려움을 알기에 수많은 금기를 두어 안전을 지키려 했다. 마이나데스가 그러하듯 내면의 빗장을 풀고 이성을 벗어던진 채 하늘이 주는 해방감과 '풍요의 뿔'을 선물 받는 일은, 기꺼이 자신을 태워 비워 낸 '몸 그릇'이 준비되어야만 하나 보다. 어느 문화권에 유독 금기가 많다는 것은 그 문화권에서 디오니소스 원형에 대한 집단의식이 발달했다는 방증이다.

현대인은 이 원형에 면역이 없는 순진무구한 영혼이거나, 오로지 강렬한 자극만을 탐닉하다 남용과 중독에 이른 무지한 희생자들이다. 그러니 '신의 선물'을 말하기 이전에, 우리에게 익숙한 '신의 징벌'이라는 경고부터 들여다 보기로 하자.

미치거나,
갈기갈기 찢기거나

디오니소스가 벌이는 광기는 결코 낭만적이지 않다. 영혼의 어두운 밤이라 부르는 칠흑 같은 심연은 그 바닥을 알 수 없고, 맹렬했던 감정이 공포로 뒤바뀔 때 터져 나오는 신음은 짐승의 울부짖음과 같다. 디오니소스의 복수로 알려진 광기에 희생된 이들을 통해 그 파괴적 힘의 위력을 가늠해 보자.

신화에서 신의 벌을 받은 대표적 인물을 꼽자면 트라키아의 왕 리쿠르고스Lycurgus와 테바이의 왕자 펜테우스Pentheus를 들 수 있다. 둘 다 디오니소스 신을 경멸한다. 단 한 신이라도 고루 존중하지 않으면 벌을 받게 된다는 그리스 다신관의 절대 법칙을 살아 내지 못한 인물들이다. 그렇다면 이들은 왜 디오니소스 신을 무시하는가? 혹은 왜 두려워하는가?

그리스와 이집트, 시리아 일대를 돌아다닌 디오니소스

는 통과 의례를 거치며 자신의 광기를 치료하고 완전한 신으로 등극한다. 이 젊은 신이 트라키아에 도착하자, 리쿠르고스왕은 자신을 신이라 말하는 젊은이를 잡아 가둔다. 님프와 여신 테티스가 디오니소스를 구출한다. 디오니소스는 복수로왕을 미치게 만든다. 미친 왕은 도끼를 휘두른다. 자신이 포도 덩굴 줄기를 자르는 줄 착각하며 아들의 팔다리를 자른다. 정신이 돌아온 왕은 자신이 행한 끔찍한 일을 알게 되고는 완전히 미쳐 버린다. 이후 왕국의 땅이 점점 황폐해지고 생명은 메말라 죽어 간다. 사람들이 신탁을 구하자, 이 모든 일들은 왕이 디오니소스 신을 알아보지 못한 벌이며 왕국을 되살리려면 왕을 죽여야 한다는 답이 돌아온다. 신탁의 메시지대로 사람들은 왕의 사지를 네 마리 말에 묶어 찢어 죽인다. 그 후 디오니소스의 신성을 선포한다.

인도를 횡단하던 디오니소스는 검은 표범이 이끄는 마차를 타고 여행을 계속하여 갠지스강에 다다른다. 이곳을 끝으로 디오니소스는 다시 그리스로 향해 어머니의 고향 보이오티아Boeotia 지방에 도착한다. 디오니소스 행렬이 노래하고 북을 치며 행진하자 여인들이 집을 뛰쳐나와 이 무리에 합류한다. 밤이 되면 산에서 먹고 마시며 춤추고 노래한다. 왕자 펜테우스는 여인들을 광란에 빠뜨리는 이 무질서한 밤의의례를 싫어한다. 디오니소스가 이를 멈추길 바란다. 그런데 왕자의 어머니인 아가베도 디오니소스 무리의 일원이다. 광기에 사로잡힌 아가베는 나무 위에 숨어 축제를 몰래 지켜보고 있던 펜테우스를 산고양이로 착각하고는, 잡아다 온몸을 발기발기 찢어 버린다. 자신을 섬기지 않는 자에 대한 디오니소스의 복수다.

리쿠르고스와 펜테우스 이야기에는 두 가지 공통점이 있다. 우선, 리쿠르고스는 디오니소스를 감금했고 펜테우스는 그를 추방하려 했다. 신을 억압하고 몰아내려 든 자들인데, 둘 다 이성과 격식을 그 어떤 가치보다 우선시한다. 디오니소스가 몰고 오는 무질서와 광란과 야성적 날뜀을 참아 내지를 못하는데, 이 이미지를 우리 내면에서 벌어지는 일에 대한 은유로 바라보자. 체면치레를 중요하게 여기는 이성적 태도는 경련이 일 정도로 울고 웃고 낄낄대며 나뒹구는 모습을 경멸한다. 억압하고 통제하며, 의식에 디오니소스를 위한 여지를 마련하지 않는다.

또한 리쿠르고스는 아들의 사지를 잘랐고 아가베는 아들 펜테우스의 몸을 갈기갈기 찢었다. 이 잔혹한 이미지는 공포와 광기를 드러내는 은유로 보인다. 육체가 무참히 찢겨 나가듯, 정신이 더 이상 응집성을 유지하지 못하고 조각조각 부서져 내리는 끔찍한 상태를 우리는 '멘탈이 완전히 깨졌다'거나 '파편화되었다'고 표현하곤 한다.

이 주제와 관련해 꽤 오래 전 일인데도 내 뇌리에 각인된 채 남아 있는 장면이 있다. 언젠가 비행기 사고로 가족이나 가까운 사람을 잃은 유가족들이 공항에서 울부짖는 장면이 TV로 생중계되었다. 그야말로 디오니소스적 몸짓과 울음이었다. 당시, 사고 책임에서 결코 자유로울 수 없는 한 고위 공직자는 이렇게 말했다. "선진국이 되면 슬픔도 교양 있게 표현해야 한다." 펜테우스는 시공간을 초월해 어디에나 존재하나 보다. 심리학에서는 디오니소스 신을 향한 경멸을 곧 본능의 억압으로, 신의 복수를 신경증이나 정신병의 발현으로 이해한다. 그런데 우리가 과연 진정으로 디오니소스를 억압하거나 추방할 수 있을까?

청교도의 영향력이 강한 유럽의 몇몇 도시에서는 카니발이 성행했다. 지금도 전 세계에서 술 소비량이 가장 높은 곳들이다. 종교 재판이 가장 악랄했던 스페인에서는 투우와 플라멩코가 꽃을 피웠다. 유교가 지배 계층의 이념이었던 조선에서 민중들은 굿으로 한을 달랬다. 법과 질서가 공고화된 현대 사회에서 로큰롤과 히피들이 자생한다. 한국처럼 위계가 철저한 사회에서는 졸라맨 넥타이를 풀고 숨통을 틔울 수 있는 자리가 절실한 만큼 밤 문화가 발달한다. 디오니소스를 억압하면 할수록 어떤 식으로든 부메랑처럼 돌아온다. 그러니 디오니소스는 정신의 균형과 건강을 위해 필요 불가결한 존재인가 보다.

펜테우스와 리쿠르고스 신화는 디오니소스를 거절할 때 어떤 끔찍한 일이 벌어지는지 잘 보여 준다. 하지만 그를 억압하는 것만큼이나 그의 힘을 오해하고 맹목적으로 탐닉하는 것 역시 매우 위험하다는 점을 잊어서는 안 된다. 만약 누군가 티탄 신족과도 같은 통제할 수 없는 원초적인 강렬함만을 갈구하며 과장된 감정을 발작하듯 쏟아 내고 있다면, 그 사람은 디오니소스의 힘을 오해한 것이다. 그러다가는 세멜레처럼 불타 버린다. 내면에 디오니소스 신의 풍요가 아니라 불 꺼진 공허함만 남는데, 불타는 강렬함을 갈구해도 바라는 바와는 반대로 거의 아무것도 느끼지 못한다. 강렬함과 갈기갈기 찢김을 혼동하는 이런 사람들은 디오니소스 신을 섬기는 게 아니라 자신을 신이라 착각하는 자들이다. 소위 원형과 자신을 동일시하는 '팽창inflation' 상태에 빠진 것이다. 그리스 최고의 불경이 팽창인데, 이는 신성으로 충만한 열정 상태가 아니라 신성의 본질을 상실한 빈껍데기와 같다. 디오니소스를 제대로 섬기는 이들은 강렬함과 소통하는 데 반해, 팽창된 사람은 강렬함을 구걸한다.

디오니소스는 자연의 신이고 땅의 신이다. 사람은 자신을 둘러싼 환경과 밀접하게 접해 있지 않으면 풍요로워질 수 없듯 정서가 상황과 연관되지 않을 때 쉽게 지루해진다. 디오니소스를 존중하지 않는 개인이나 집단은, 신성의 본질은 사라진 채 상업적으로 변질되어 말초적 자극만 가득한 '뽕 맞은' 강렬함을 추구하는 희생자가 된다. 이 수가 점차 늘어나 사회적으로 문제가 되고 있다. 다시 한번 상기하자. 신을 제대로 섬기지 못하면 반드시 그림자로 만나게 된다.

거부해도 위험하고 너무 가까이 가도 위험한 디오니소스다. 지금까지 신의 벌, 광증과 중독에 대해 살펴보았다. 이제 신의 선물을 만날 차례다. 고대 그리스인들은 왜 이 위험한 에너지를 신으로 의인화하며 존중했는지, 그 본질에 다가가려는 것이다.

디오니소스 신의 선물은 앞서 디오니오스의 대표적 특질이라 언급했던 '조이'와 '엑스터시'다. 한국어로 조이는 희열로, 엑스터시는 황홀경으로 주로 번역되곤 하는데 어느 쪽이든 일상적으로는 자주 쓰이지 않는 말들이라 의미를 오해하기 쉽다. 그러나 조이와 엑스터시는 삶을 열정으로 채우며, 우리의 영혼을 생명의 불길로 숭고하게 승화시키는 묘약이다.

디오니소스의 선물, 엑스터시

엑스터시는 낯설다. 엑스터시 또한 고대 그리스어에서 유래한 말로, 'ekstasis'가 그 어원이다. 사전적으로 엑스터시는 '자기 밖으로ek- 나가 서다stasis'라는 뜻이다. 또는 물리적 시간을 초월한 상태로 정의하기도 한다. 즉 엑스터시는 밀착된 공간과 익숙한 시간을 초월하여 영원성을 맛보게 되는 경험인데,

일반적으로는 종교 의례에서의 신비 체험으로 잘 알려져 있다.

엑스터시 하면 아프리카 원주민의 격렬한 드럼 소리와 원초적인 춤, 눈동자가 안으로 말린 채 트랜스 상태로 춤추는 남미의 부두vodoo 의례 등이 연상될 것이다. 빙글빙글 돌며 고요로 빠져드는 이슬람 수피파Sufism의 회전 춤 의식을 떠올려 보아도, 신의 사랑에 오롯이 취한 얼굴들이 절로 그려진다. 이들 모두 각 문화권에서 특별하게 지켜 낸 의례들이다. 종교 의례에서 엑스터시는 빠질 수 없는 핵심 요소다.

그런데 아름답고 감각적인 엑스터시는 의외로 우리 일상 가까이에 있다. 개인적으로 엑스터시가 '자연스러운 특별함' 또는 '평이한 비범함'으로 다가오게 된 계기가 있었다.

유학 초기, 창조 영성Creation Spirituality을 공부할 때였다. 호세 홉데이José Hobday라는 할머니 선생님이 북미 인디언 영성을 가르치셨다. 인디언 마을에서 스토리텔러로 훈련을 받은 선생님은 교실의 모두를 즉각적으로 이야기 속으로 빠져들게 만드는 최고의 이야기꾼이셨다. 어쩌다 수업이 엑스터시라는 주제로 흘렀고, 선생님은 당신이 직접 체험한 세 번의 엑스터시 경험을 들려 주셨다. 30년이 지난 지금도 당시 선생님의 말투와 표정, 그리고 교실의 공기가 생생하다.

첫 번째는 선생님이 다섯 살이던 무렵의 일이다. 학교에서 돌아와 '엄마!' 하고 외치며 집 안으로 들어섰다. 아무리 찾아도 엄마가 보이지 않자, 방문을 하나씩 열어 보다가 목욕하고 계신 엄마의 모습을 발견했다. "아가, 다음에는 문 열기 전에 노크부터 하렴." 엄마의 부드러운 음성이 들려 왔지만, 빛으로 에워싸인 듯한 어머니의 맨몸이 너무나 아름다워 떨리는 가슴을 진정할 수가 없었다. 그 압도적인 아름다움에 감전된 채 방으로 들어가 한동안 밖으로 나오지 못했다.

두 번째는 선생님이 UCLA에서 가르칠 때였다. 학교로 유명한 소프라노를 초청해서 공연 리허설을 하던 중이다. 누군가, 성악가가 노래하면 유리잔이 깨진다는 말이 사실인지 물었다. '한번 해 보자'며 가수가 응수했다. 무대 앞쪽에 일정 간격으로 크리스털 잔들을 배열한 후, 소프라노가 노래를 시작했다. 어느 지점에 이르자 모든 잔들이 동시에 박살이 나며 유리 파편들이 공중으로 흩날렸다. 이 순간이, 엑스터시다.

세 번째는 특별히 존경하던 어느 노수녀님의 임종 자리에서였다. 병실을 방문하자 수녀님이 함께 기도하자고 청하셨고 두 사람은 깊은 기도에 빠져들었다. 마침내 기도를 마치자 수녀님이 미소를 지으며 말씀하셨다. "너무 아름다웠는데 조금 짧은 게 아쉬워!" 그런데 벽에 걸린 시계는 무려 여섯 시간이 훌쩍 지나 버렸음을 알려 주고 있었다.

이 글을 쓰면서, 당시 함께 수업을 들었던 친구 돌로레스 수녀님과 통화하며 그때의 추억을 곱씹었다. 각자가 경험한 엑스터시 체험들도 나누었다. 엑스터시와 조이가 뒤섞여 이야기가 오고 갔는데, 이런 이야기를 편안히 나눌 친구가 있

다는 것, 그리고 그런 친구와 삶의 시공간을 포갤 수 있다는
것은 살아 있기에 받는 '선물'이라고밖에 달리 표현할 길이 없
다. 빈틈없이 꽉 짜인 이성의 눈으로 본 세상은 단절과 반목
으로 가득하지만, '비현실적'인 듯한 엑스터시의 순간 우리는
비로소 우주의 일원이 된다. 의미로 가득한 세상 속으로 경이
롭게 녹아드는 것이다. 디오니소스 신의 선물은 황홀하고 그
득하고 영원하다.

'누구든 한 주에 한 번은 광대함immensity에 담겨야 한
다.' 페루인들의 속담이다. 자기 밖으로 나가 서는 엑스터시를
경험하는 순간이야말로 일상의 평이함을 초월해 광대함과
영원성의 품에 안기는 순간이 아닌가 한다. 이 지복의 순간들
이, 평범한 일상을 비범하게 만들고 이 땅에서의 매일을 성스
럽게 해 준다.

야만은
디오니소스 신의 그림자

프랑스 혁명, 러시아 혁명, 동학 혁명…. 혁명은 언제
어디서든 열정으로 붉게 타오른다. 드높은 이상을 높이 치켜
든 선동가의 피를 끓게 하는 웅변은 군중을 삽시간에 흥분의
도가니 속으로 빨아들인다. 디오니소스가 그러하듯, 혁명의

불길은 모순된 힘들이 서로 반대편으로 치달으며 만들어 내는 '찢김' 속에서 타오른다. 사랑과 증오, 축제와 학살, 숭고한 이상과 무참한 파괴가 치밀하게 직조되고, 양립할 수 없는 힘들이 상호 충돌하며 거대한 에너지를 내뿜는다.

카리스마 있는 지도자들에게서는 어떤 혁명적 열정이 보인다. 이들은 전체의 즉각적 자유를 외치고, 군중은 광기에 박수갈채로 화답한다. 선동가 하면 히틀러가 가장 먼저 떠오른다. 이 밖에도 나폴레옹, 마오쩌둥, 카스트로, 무가베 등 천부적 선동가들의 이름이 적힌 긴 목록을 역사가 간직하고 있다.

이들이 연단에 올라서면 열렬한 지지를 보내며 흥분한 군중들이 뭉친다. 집단의 함성과 마력이 전두엽의 작동을 무력화시키는 것인지 서로 간의 거리감이나 이성, 냉철함은 사라지고 개인의 정체성조차 소멸한다. 오로지 열망으로 타오르는 군중만 있을 뿐이다. 그리고 군중은 곧 야성적으로 돌변한다. 그렇다면 이 압도적인 광란 속에서, 심리학이 그토록 오랜 시간 공들여 강조해 온 '의식의 발달'과 '개별화'는 왜 이토록 허망하게 무력해지고 마는 것일까?

혁명가들은 더 이상 잃을 것이 없는 자들을 주로 섭외한다. 소외와 열등의 자리에서 제 목소리를 가져 보지도 내어 보지도 못하던 사람들로부터 우렁찬 함성을 끌어 낸다. 이 자체로 해방이다. 소위 '성공'이나 '꿈' 같은 미래의 가능성으로부터 차단된 채 좌절과 무기력에 지배당하는 계층의 내면에는 가공할 만한 폭발력을 지닌 분노와 공격성이 잠들어 있다. 선동가는 바로 그 자리에 현란한 수사의 화염병을 던져 넣는다. 이는 단지 가난이나 기회 박탈의 문제만은 아니다. 오늘날, 물기 없는 고목처럼 우울이나 권태로 말라 죽어 가는 사람들이 늘고 있다. 눈에 잘 띄지는 않지만 마치 좀비처럼 살아 있되 생명력이 느껴지지 않는 많은 이들이 우리 가까이에 있다. 갈 곳 없는 노인들이 그러하고, 억압된 학교에서 나날이 숨 막히는 청소년들이 그러하고, 각종 트라우마로 고통받으며 죽음 같은 외로움과 씨름하는 사람들이 그러하다. 이들에게는 어쩌면 구호의 내용보다는 함성의 강도나 전복에 대한 뜨거운 열망이 훨씬 중요한지도 모른다. 갑갑한 가정을 뛰쳐나와 산과 들에서 광란의 춤을 추던 마이나데스처럼, 강요된 순응으로 질식해 가는 사람들은 누구라도 마이나데스가 된다. 이들에게 '디오니소스 해방자'는 곧 살아 있음을 느끼도록 해 주는 마법이다.

개인이든 집단이든, 관계를 깨고 체제를 해체할 필요가 있는 자리는 디오니소스의 유입을 철저히 차단해야만 지킬 수 있다. 개성이 억압되고 표준화된 단정과 예의가 교리처럼 강요되는 곳에는 '착해야 돼' '말 잘 들어야지' '순응해' 같은 말들이 난무한다. 이에 길들여진 사람들에게 혁명은 반드시 거쳐야 하는 통과 의례다.

그런데 기억해야 할 점이 있다. 디오니소스 해방자는

‘디오니소스 독재자’ 없이는 오지 않는다. 잔뜩 술에 취해 닥치는 대로 깨부수고 난 다음날 아침, 심신에 멍이 든 가족의 얼굴과 부서진 살림살이가 나뒹구는 씁쓸한 풍경을 마주한다. 흥분한 관중들이 격렬히 충돌한 경기장에는 치우고 수리해야 할 쓰레기 더미와 파괴의 잔해가 널려 있다. 유리창을 깨고 건물로 난입해 무법천지 활극을 벌인 자들은 ‘폭도들’이라는 낙인과 함께 사회로부터 격리된다. 이 모두 어제의 해방자가 독재자로 탈바꿈하는 순간들이다.

역사는 혁명가가 독재자로 바뀌는 순간을 ‘부패’나 ‘타락’이라 부른다. 혁명의 상상력에는 혁명 뒤에 올 독재는 포함되어 있지 않은가 보다. 자유와 평등과 해방의 깃발을 치켜드는 혁명은 분명 디오니소스 신의 영감 하에 일어난다. 선동가는 대중을 설득하는 힘을 가지고 있다. 그런데 혁명 이후에는 오직 자신만이 결정을 내리고 자신만이 통치하는 것을 최선이라 여긴다. ‘영구 집권’은 독재와 폭압에서 빠지지 않는 구색이다. 이러니 지구상에서 혁명이 거듭 되풀이되나 보다.

바로 이 지점에서 신화학자의 관점으로 질문을 던져보자. 소위 ‘문명화’된 현 사회에, 사회 질서를 파괴하고 심리적 평안을 위협하는 디오니소스 신이 왜 다시 표면으로 올라와 세계 곳곳을 위협하는가? 법을 어기고 질서를 파괴하는 디오니소스 신이 집단무의식에 의미하는 바는 무엇인가?

디오니소스는 정통을 위협한다. ‘정통’ ‘정통주의’라

는 뜻의 영어 'orthodoxy'는 '곧은' '올바름'을 뜻하는 그리스어 'ortho'와 '생각' '견해'를 뜻하는 'doxy'가 결합하여 탄생한 말이다. 사회가 정한 '바른 생각'에 동조하는 무리가 있다면, 그 반대편에는 필연적으로 그 틀을 벗어나 '다른 생각heterodoxy'을 품는 자들이 존재하기 마련이다. 디오니소스는 후자를 위한 신이다. 고대 그리스에서 정통 수호는 귀족들의 가치였고, 이들은 주신으로 제우스나 아폴론을 섬겼다. 여성과 농민과 노예의 주신은 물론 디오니소스다.

다신관은 다양성에 토대를 두기에 차이에 예민하게 반응하지 않는다. 힘이든 특질이든, 다름이 일으키는 갈등과 긴장감을 있는 그대로 노출할지언정 그 차이 자체를 배척하지는 않는 것이다. 디오니소스는 정통이라는 지배 남성의 협소한 가치에 균형을 잡아 주고, 다름과 차이가 자연스럽게 수용되는 세계로 인식의 지평을 넓혀 준다. 아폴론과 디오니소스는 서로 반목하는 힘이 아니라 건강한 균형을 필요로 하는 힘들이다. 게다가 문명, 지성, 민주화를 위협하는 폭력과 야만은 디오니소스라는 원형의 본질적 힘이라기보다는 오히려 이 신을 위한 자리가 마련되지 않고 있는 현시대가 필연적으로 맞닥뜨린 신의 그림자다.

앞서 디오니소스는 현대인의 가장 깊은 무의식으로 들어간 신이라 했다. 이 신은 위협적이다. 그리고 정통의 위협자이기도 하다. 그렇지만 증상에는 영혼의 호소가 들어 있다. 그림자가 난무하는 지금, 억압과 배제가 아니라 디오니소스 힘을 이해하려는 열린 자세가 절실하다. 이 강력한 신의 자리를 마련하는 것이 야만에서 벗어나 인류가 도약할 수 있는 지혜로운 길일 것이다. 신의 선물인 풍요의 뿔은 모두를 비옥하게 할, 결코 망각할 수 없는 힘이다.

왜 여성은
디오니소스 남성에 끌리는가?

회화나 조각으로 표현된 디오니소스 이미지를 보자. 구불구불한 긴 곱슬머리에 살집이 통통하게 오른 푸짐한 몸매다. 피부는 맑고 뽀얗다. 동그란 배는 보드랍고 입술은 두툼하여 감각적이다. 한마디로, 탐스럽고 탐욕스러운 아기 같다. 이 이미지는 디오니소스의 심리학적 특질을 집약한 은유로 보인다. 디오니소스는 결코 아기처럼 순하지 않다. 부드러우나 야성적이다. 순수한 아이 같은데 불처럼 뜨겁고 열정적이다. 귀여운 연인인데 거친 짐승 같다.

자유롭고 관능적이며 위트가 넘치는 디오니소스에게는 언제나 여성들이 저항 없이 마음의 문을 연다. 많은 여성이 디오니소스 같은 남성의 몸과 영혼을 자진해서 돌보려 든다. '나는 미쳤어! 오늘 밤은 마음껏 취해 보자! 그저 순간에 몸을 맡기는 거야!' 디오니소스는 자신의 무방비함과 취약함을 고스란히 드러낸 채 삶을 즐기는데, 현대의 기준으로 보면 소위 '나쁜 남자'의 전형일 수 있다. 그런데 참 매력적이다. 이런 남성은 주변 사람들의 에너지를 일깨워 함께 춤추게 한다. 곁에 있는 이들까지 감각이 뜨겁게 달아오르게 하며, 절로 무장 해제시켜 순간의 즐거움에 흠뻑 취하게 만든다.

아폴론적 남성이 과시적이고 영웅적인 행위를 수행하며 존재 증명을 위해 안간힘을 쓰는 반면, 디오니소스 남성은 영웅이 될 필요조차 느끼지 못한다. '달콤한 연인'이기만 하면 된다. 이렇게 위험할 수 있는 남성을 여성은 왜 매력적이라 느끼는지, 몇몇 남성들이 종종 궁금해하며 물어 오고는 한다.

디오니소스는 여성 혐오나 여성에 대한 두려움이 없다고 했다. 이것이 핵심일 듯하다. 또한 앞서 디오니소스가 여성의 신비로 통과 의례를 거쳤다고 했는데, 디오니소스는 고대 여성적 힘과 친밀한 신이다. 머리가 아닌 감정과 감각과 몸 언어에 친숙하고, '여성성'을 본래부터 자연스럽게 지니고 있다. 고대 그리스인들은 디오니소스를 '조에Zoe'라고도 불렀다. 조에는 '생명의 삶' '동물의 삶'이란 뜻인데, 의역하면 '생명의 흐름' 혹은 '살아 있는 자연의 신성한 힘'을 말한다. 디오니소스에게는 식물이 가진 자연에 대한 수용성과 동물의 원초적 야성이 살아 있어, 그는 온몸으로 자연과 교감한다. 디오니소스의 이런 몸적-동물적 친연성은 몸으로 생명의 리듬

을 오롯이 살아 내는 여성의 본능적 공감을 이끌어 낸다.

여성의 출산과 수유야말로 디오니소스 세계로의 통과

의례다. 제 새끼에 대한 보호 본능은 동물로부터 전해 내려

온 것이리라. 출산 시 몸에서 일어나는 변화는 전적으로 동물의 그것과 같다. 온몸의 세포가 알아서 수축하며 자궁문을 열고, 아기가 배고파 울면 젖이 저절로 돈다. 아기는 한동안 냄새와 촉감과 울음소리로만 소통하는데, 이렇듯 몸을 통한 모자의 연결감은 그야말로 조에의 영역이다. 이는 심리학적 경계를 넘어서는 전혀 다른 차원의 교감이며, 디오니소스적 남성은 바로 이 언어가 무엇인지 아는 듯하다.

여기에 심리학적 요인도 한몫할 것이다. 많은 여성이 자원해 디오니소스적 남성을 먹이고 돌보듯, 이 남성의 아이 같은 취약함과 생명의 힘을 여성들은 종종 지켜 주려 든다. 즉각 요구가 충족되어야 하는 아기처럼 디오니소스 남성들의 굶주림은 엄청나서, 심지어 아기를 향한 관심조차 질투하며 늘 지대한 애정을 갈구한다. 아내 혹은 연인이 매력적이기를 바라는 동시에, 자신을 엄마처럼 언제나 돌보고 조건 없이 받아들여 주기를 요구한다. 빨수록 젖이 더 나오는 것처럼, 배고파 할수록 더 주려 드는 본능이 여성 안에 내재되어 있는 듯하다.

이 경우, 여성의 넘치는 돌봄 본능과 남성의 독재적이고 탐욕스러운 욕망이 상호 충족된다면 문제가 없다. 그런데 지칠 줄 모르는 요구와 소유욕은 대체로 상대방을 소진시켜 버린다. 엄마 같은 여인이 더 이상 엄마 노릇 안 해주면 함께 할 의지를 잃어버리는 디오니소스다. 여성이 더는 엄마 역할을 할 수 없게 되는 시점이 오면 관계는 위험해진다.

가정 폭력도 종종 이런 관계 속에서 벌어진다. 열정적인 남성은 분노도 변덕도 티탄 같다. 실제로 어떤 여성은 남성이 온몸으로 공격을 가해올 때 그 남성에게서 어린아이를 본다고 말한다. 그런데 아기의 발길질에 갈비뼈가 나가지는 않는다. 남성은 폭력을 휘두른 다음 날 눈물로 후회하며 여성을 달랜다. 다시는 그러지 않는다는 약속과 '당신 없이는 못 산다'는 구애가 퍼부어진다. 여성이 순종적일수록 더 많이 주고 더 많이 용서하는데, 이는 분명 모성과 관계가 깊다. 그렇지만 가족 간 폭력은 결코 이해와 관용의 대상이 될 수 없다.

여성들은 '바쿠스 축제'를 원한다. 디오니소스는 분명 억압된 여성의 해방자이다. 그러나 디오니소스 해방자가 디오니소스 독재자이기도 하다는 사실을 언제나 잊지 말자.

디오니소스의 미궁도 풀어 낼 아리아드네의 실타래

아리아드네는 소위 '서양 식자층 남성'들의 오랜 연인이다. 서양의 낭만적인 연애편지나 문학 작품을 보면, 사랑하는 연인을 향해 '나의 아리아드네'라고 부르는 고전적인 수사를 종종 찾아볼 수 있다. 크레타의 공주 아리아드네는 영웅 테세우스가 미궁으로 들어갈 때, 그에게 길을 잃지 않도록 실타래를 풀면서 들어갔다가 감으며 나오라고 안내한 여인이다. 그러니 '나의 아리아드네'는 연인에 대한 찬사이면서, 그 안에는 사랑이라는 감정의 늪에서 허우적거리는 자신의 구원자가 되어달라는 바람도 들어 있을 법하다.

미노스의 왕비 파시파에와 수소 사이에서 인간의 몸에 소의 머리가 달린 거대한 미노타우로스Minotauros가 태어난다. 왕비는 아테네의 천재 건축가 다이달로스에게 미궁을 만들어 달라 하고, 완성된 미궁 안에 미노타우로스를 가둔다. 그리고 미노타우로스에게 9년마다 아테네 가정의 소년 일곱과 소녀 일곱을 제물로 바치기로 약속한다. 제물이 될 소년 소녀와 함께 테세우스가 배를 타고 미노스로 온다. 테세우스는 미노스의 공주 아리아드네와 즉시 사랑에 빠진다.

아리아드네는 테세우스에게 미노타우로스를 죽여 달라고 청한다. 한번 들어서면 길을 잃어 결국 괴물의 희생양이 되고 마는 미궁이기에, 테세우스에게 실타래를 주며 실을 풀면서 들어가고 되감으며 나오라고 당부한다. 끝내 괴물을 죽이고 미궁에서 살아 나온 테세우스는 아리아드네와 함께 도망친다.

둘은 아테네로 향하는 도중 낙소스섬에 정박한다. 그런데 해변에서 잠이 든 아리아드네를 남겨 두고 테세우스의 배가 떠난다. 검은 표범 마차를 타고 다니는 디오니소스가 아리아드네를 발견하고 사랑에 빠진다. 아리아드네에게 헤파이스토스가 만든 왕관을 씌워 주었고, 둘은 혼인한다. 디오니소스는 아내를 데리고 올림포스로 간다.

테세우스는 왜 아리아드네를 버리고, 아리아드네는 왜 중요한 순간 잠에 빠지는가? 이 신화에는 이본도 많다. 설명이 없으니 비어 있는 행간을 상상으로 채워 보려 한다. 자신을 구해 주었을 뿐 아니라, 자신이 가진 전부를 뒤로하고 따라나

아버지 없는 세상의 아들들 ✦ 디오니소스

선 여인을 버리고 떠나는 남자의 심정은 도대체 어떤 것인가? 예전에는 이에 대한 의문이 컸었다. 그리고 이 중요한 순간 잠에 빠진 여인이 한심하게만 보였다. 그런데 환갑이 넘어 가는 나이가 되니, 이야기의 맥락이 이전과는 다르게 다가온다.

테세우스는 아리아드네의 운명의 짝은 될 수 없었겠다 싶다. 영웅의 리비도는 오롯이 바깥을 향해 있다. '돌진 앞으로'가 이들의 모토이고, 영웅의 이상은 오직 대의만을 향해 있다. 그런데 영웅이 나라를 구하든, 영약을 구하든, 신이한 보물을 구하든 그 '대의' 앞에서 언제나 쉽게 잊어 버리고 마는 게 있다. 바로 자신 가까이 있는 여성과 내면의 여성성이다. 뭇 영웅들의 전형적인 행태를 테세우스가 보여 줄 따름이다. 자고로 남성들은 '남자라면 대의 앞에서는 바깥의 여성이든 내면의 여성이든 기꺼이 희생시킬 준비가 되어 있어야 한다'고 강요받곤 했다. 안과 밖은 언제나 나란히 가는지라 주변 여성들을 대하는 태도와 내면의 여성인 아니마를 대하는 태도는 일치하기 마련이다. 테세우스는 불굴의 영웅이다. 아리아드네를 버리고 자기 내면의 여성을 희생하느라 스스로 치러야 하는 대가가 눈에 들어올 나이는 아직 아닌 듯하다. 그에게 이런 지혜가 겸비되었다면 그는 영웅이 아니라 현자라 칭송받았을 것이다.

일상이 주는 소소한 행복과 잔잔한 평안이 얼마나 값지고 소중한 것인지는, 솟구치는 용맹과 이상의 깃발을 향한 리비도가 어느 정도 빠지고 나서야 비로소 깨닫게 되는 건지도 모르겠다. 그러니 테세우스의 모험에 아리아드네는 어떤 장애물로 인식되었을 수 있겠다. 이들 운명의 엇갈림은 생의 여정 속에서 서로의 때가 맞지 않았던 탓일 것이다.

괴물을 물리친 후 보물이나 치유의 비밀을 가지고 돌아오는 모험, 이에 수반되는 영웅의 용기와 인내력은 장엄하다. 그런데 전 지구가 하나의 망으로 연결되어 있고 로봇이 인간의 일을 거뜬히 해내는 데다 AI가 사람보다 훨씬 많은 정보를 처리하는 지금, 이제 영웅 이미지도 시대에 발맞춰 변모해야 하지 않나 싶다. 어떤 이는 영웅의 실체를 '생각은 짧고 행동은 빠른 자들'이라 정의한다. 영웅이 지닌 그림자 또한 엄청나건만, 영웅이 이룬 위업만을 찬양하는 대중은 영웅의 온전한 모습을 보기를 원치 않는다. 바로 이 지점에서, 새로운 영웅의 이미지로 디오니소스가 영감처럼 떠오른다.

디오니소스는 여성성을 장착한 남신이다. 자연과 환경에 수동적으로 수용적이다. 그렇다고 '꽃을 든 남자'처럼 거세되어 여성화된 남성은 아니다. 양성 신 디오니소스다.

미궁에서 길을 찾아내는 아리아드네는 지혜롭다. 이런 지혜로운 그녀가 테세우스와 계속 함께하느냐, 아니면 디오니소스를 만나게 될 미래의 가능성을 열어 두느냐 하는 중대한 기로 앞에서 결국 '잠'이라는 무의식적 선택의 도움을 받은 듯하다. 억지로 결정을 내리는 대신, '네가 진정으로 내 짝이 될 운명인지 보자'며 운명에 자신을 내맡기고는 테세우스에게 '네가 정하라'며 선택을 미루어 버린 것인지도 모르겠다. 나 역시 삶의 중요한 결정은 꿈에 물어 답을 들으려 애쓰는 사람이라, 아리아드네의 잠이 마치 무의식의 신탁을 들으려는 꿈 부화 의례처럼 읽히나 보다.

디오니소스에게도 아리아드네는 절실히 필요하다. 실타래처럼 얽힌 감정의 미궁 속에서 부침을 반복하는 디오니소스다. 광기와 환희의 경계를 넘나드는 신이다. 히스테릭한 감정의 롤러코스터 위에서는 늘 상호 모순적인 자신 내면의 모호함을 견뎌야 한다. 또한 디오니소스는 집단에 무질서와 폭발력을 불러일으키고 그 광기에 휩싸이는 신이다. 아리아드네가 이 본능과 원초적 힘들의 미궁에서 지혜로운 길라잡이가 되어줄 것이다. 아리아드네와 함께하는 디오니소스는 지금까지와는 전혀 다른 인물일 것이다.

이 부부의 사랑 이야기는 전해지지 않는다. 다만 알려진 바가 있다. 몸·성·여성의 해방과, 모든 위계와 시스템으로부터의 자유를 외치는 바쿠스 축제의 디오니소스인데도 그리스 신들 중 유일하게 '일부종사—婦從事' 했다고 알려져 있다. 여성들이 그토록 갈망하는 지조 있는 남성을 광란과 방탕의 대명사로 여겨지는 디오니소스 신에게서 보게 되다니, 디오니소스 이해는 과연 어디까지 상상력을 확장시켜야 하는 것인지 모르겠다.

불에서 탄생한 디오니소스다. 그는 피를 끓게 만드는 광기의 원인이며 동시에 광기로부터의 해방자다. 가장 깊이 무의식으로 들어간 신이자 오랜 세월 악마의 이미지가 덧입혀지며 온갖 오해와 왜곡으로 점철되어 있지만, 이 신을 탐색하는 동안에는 조이, 엑스터시, 열정, 은총, 생명 같은 종교적이고 신비로운 단어들이 저절로 떠오를 수밖에 없다는 것을 새삼 인식하게 된다. 현대인에게 가장 익숙한 '술의 신 디오니소스'보다는 '종교의 신'이 더 바른 자리라 여겨진다.

디오니소스를 몸의 영성이라 했다. 의례를 통해 몸의 감각을 일깨워 신적인 합일에 이르는 것은 신을 경배하기 시작하던 선사시대부터 있어 온 한결같은 인간의 염원이었다. 이를 상실한 우리는 두려움과 열망, 충동과 금기의 반목과 갈등을 각자의 내면에서, 그리고 사회에서 경험한다. 신화는 디오니소스 신을 위한 자리를 우리 안에 마련할수록 벌이 아니라 오히려 신의 선물을 받게 된다고 분명히 이야기해 준다.

이 뜨거운 신의 불길 속으로 들어갔다가 어떻게 안전하게 나올 수 있을지, 아직은 다소 막연해 보인다. 그렇지만 열정은 상반되는 양극의 갈등을 태우며, 불타 없어진 그 자리를 신으로 가득 채운다. 이때 우리는 이원성을 초월하게 된다. 이런 디오니소스적 열망이 종교심의 본성이며, 우리의 마음 어디선가 결코 식지 않는 채로 강렬하게 타오르고 있다. 이 기쁨이 바로 엑스터시다. 지금 우리가 할 일은 신에 대한 오롯한 헌신, 바르게 신을 섬기는 태도를 배우는 것이다.

앞서 살펴보았듯 헤파이스토스 구원의 열쇠는 디오니소스의 손에 있다. 흔히 아폴론과 디오니소스를 대극에 놓고 서로 반목하는 신들이라 이해하지만, 그리스 신전 안에 둘의 관계는 결코 적대적이지 않음을 확인했다. 또한 디오니소스는 '지하 세계의 제우스'라 불리기도 하니 제우스와도 밀접하다. 심지어 하데스와도 떼려야 뗄 수 없는 관계에 있는데, 디오니소스와 하데스를 같은 신으로 보는 견해도 존재한다. 특히 디오니소스와 하데스 모두 현대인의 무의식 심층으로 들어가 버린 신이라는 공통점이 있다. 두려운 만큼 신비의 베일에 싸여 있다. 이제, 마침내 궁극의 신비 하데스의 세계를 탐험해 보자.

6장

하데스

깊은

그림자로 유배된

구원의 신

하데스는 보이지 않는 부, 세상의 은밀한 부를 관장하는 신이다. 비가시적인 세계를 다스리는 신이라, '볼 수 있으면 보게 해 주는 신'이라고 한다. 흔히 하데스는 죽음과 사자死者의 세계를 관장하는 신으로 알려져 있지만, 실제 그리스 신화에서 죽음의 신은 타나토스다. 하데스는 보이지 않는 존재들의 신이자 어두움의 신이며 깊이의 신이다. 피상에 얽매인 현대인에게는 막연할 수밖에 없는 이 개념들에 고대 그리스인들은 신의 지위를 부여했다. 그리고 하데스 세상을 부와 풍요의 자리로 인식했다. 여기서 부는 자아가 아니라 영혼의 부를 말한다.

그리스 우주에서 하데스는 지하 세계underworld를 관장한다. 여기서 '지하'도 '땅 밑'을 지칭하는 개념이 아니라, 빛으로 드러나지 않는 세계 즉 비가시적 세계이자 깊이와 어두움이라는 베일에 싸인 세계를 가리킨다.

현대인과 마찬가지로 고대 그리스인도 하데스를 두려워했다. 그런데 그 두려움의 성질이 현대인과는 전혀 다르다. 그리스인은 하데스의 힘을 알고 있었기에 그에게 경외감을 내포한 두려움을 지니고 있었다. 반면 현대인은 하데스에 완전히 무지하다. 현대인의 두려움은 단순 공포에 가까우며, 훨씬 더 무의식적인 반응이다.

그리스인들은 하데스라는 이름을 함부로 입에 올리기를 꺼렸다. 대신 '눈에 보이지 않는 신'이나 '플루토Pluto' 혹은 '트로포니오스Trophonios'라고 불렀다. 플루토는 '부' '부자' '부를 주는 자'라는 뜻이고, 트로포니오스는 '자양분이 많은'이라는 의미를 지닌다. 하데스와 그의 세계는 가시적이지도 의식적이지도 않지만 은밀한 부와 풍요로 비옥한 자리라는 점을 고대인은 분명히 인식하고 있었던 것이다. 그렇지만 결코 가벼이 다가갈 수는 없었기에 언급조차 피하며 두려워하고 또 공경했다.

하데스 신은 모습을 잘 드러내지 않는다. 땅 위에는 그의 신전조차 없다. 사람들은 하데스를 위해 제물도 바치지 않았다. 지상에 흔적조차 없는 이 신은 대부분의 시간을 어둡고 음울한 세계에 머문다. 신화는 하데스가 지상으로 올라온 일이 딱 두 번이라 이야기한다. 한 번은 대지의 여신 데메테르의 딸 페르세포네를 납치한 순간, 다른 한 번은 공격받는 포세이돈의 아들 넬레우스와 그 일가를 구하려 한 순간이다.

그리스 신화를 주제로 한 수많은 예술 작품 가운데 하데스를 묘사한 작품은 많지 않다. 고대 도기화에 간혹 등장하는 그의 모습조차 얼굴을 뒤로 돌린 채 뒷머리만 보여 줄 뿐이다. 비교적 후기에 제작된 조각상에서는 끝이 두 갈래로 갈라진 뾰족한 쇠스랑을 왼손에 쥔 채 과묵하게 서 있는 모습을 볼 수 있다. 그의 오른편에는 지하 세계의 관문을 지키는 머리 셋 달린 개 케르베로스가 자리를 지키고 있다. 이 외에는 네 마리의 검은 말이 끄는 마차에 올라탄 모습이나, 지하 세계의 여왕이 된 페르세포네와 함께 옥좌에 고요히 앉아 있는

＊ 야코포 카랄리오의 판화 〈플루토와 케르베로스〉. 뉴욕
메트로폴리탄미술관 소장.

옆모습 정도가 찾아볼 수 있는 거의 전부인 듯하다.

각 그리스 신들은 무형의 정신 에너지가 의인화된 것으로, 그들에게 저마다의 이야기를 부여한 것이 바로 신화다. 신화 이미지에는 각 신의 개성이 뚜렷하게 드러나는데 이는 상상의 산물이다. 이런 방식이 아니고는 내면에 존재하는 에너지를 의식화하기가 어렵기 때문이며, 앞서 말한 것처럼 심리학에서는 각 신을 '인류 마음의 DNA'라 할 수 있는 원형이라고 본다. 하데스는 이 원형들 중에서 가장 실체가 없다. 다른 신들과 달리 인간과 상호 작용도 하지 않고, 신들과도 거의 얽히지 않는다. 그러니 신화에 하데스와 얽힌 이야기도 별로 없다. 비가시적 세계를 관장하며 지상에 좀처럼 나타나지 않는, 이러한 '비가시성' 자체가 바로 하데스의 본질이다.

그럼에도 불구하고 진짜 영웅이 되려는 자들은 반드시 이 음울하고 어두운 하데스 세계를 거쳐야만 했다. 영웅의 여정에 놓인 마지막 시련이자 관문은 언제나 하데스 세계다. 오르페우스, 오디세우스, 헤라클레스, 프시케가 이 세계로 들어가 저마다 주어진 과제를 수행한다. 아킬레우스도 소중한 친구 파트로클로스의 죽음을 애도하는 동안 간접적으로나마 하데스 세계와 접하며 운명의 전기를 맞는다. 인간의 피가 섞인 자신을 받아들이지 못해 분노의 화신으로 살던 아킬레우스는 하데스 세계의 경험을 계기로 자신의 운명을 수용하게 된다. 이 세계는 산 자에게 허용된 곳도 살아서 나올 수 있는 자리

도 아니기에, 기꺼이 죽을 각오 없이는 도전조차 불가능한 극
한의 고난과 모험이 도사리고 있는 곳이다. 앞서 열거한 영웅
중 오르페우스는 연인을 구출하지 못했으니 제외한다고 하더
라도, 이들 모두 하데스 세계 탐색을 통해 진정으로 삶을 이
해하게 되거나, 자신의 소명을 알아차리거나, 이 세계만이 허
락하는 선물이나 통찰을 얻어 진정한 영웅으로 거듭난다.

하데스의 부를 영혼의 부라 했다. 꿈 세계가 그러하듯,
영혼의 세계는 경험이 곧 상징인 곳이다. 현대인에게 영혼은
낯선 개념이다. 물질 세계와 가시적 세계 안에서 오직 피상적
인 관점에만 익숙한 우리이기에, 수직으로 확장하는 '깊이'의
의미를 거의 알지 못한다. '사람이 죽으면 몸무게가 미세하게
줄어드는데 이게 바로 영혼이 빠져나간 증거'라는, 물질주의
자들의 조악한 이해 정도가 우리의 현주소인 것이다.

하데스는 비가시적인 신이지 부재한 신이 아니다. 보이
지 않는 내면의 깊이이자 실체가 가늠되지 않는 미지이지만,
고대 그리스인은 이 신비로운 개념을 의인화해 신으로 섬겼다.
이제 마지막으로 미지 중의 미지, 어둠 중의 어두움 하데스 세
계를 탐험해 보자. 왜 하데스를 플루토(富)라 불렀을까? 하데스
의 부란 과연 어떤 것일까? 왜 하데스 세계가 궁극적 회귀의
자리라는 것일까? 하데스에 대한 앎이 왜 우리에게 절실할
까? 참 영웅들이 그랬던 것처럼, 근원적인 질문들을 품고 궁
극의 신비 하데스 세계를 거치는 통과 의례를 감행하려 한다.

하데스의 탄생과
지하 세계의 은유

하데스는 크로노스와 레아 사이에서 태어난 아들 중 첫째다. 크로노스는 자식이 자기 자리를 위협할까 봐 태어나자마자 자식을 삼켜 버리는 아버지다. 하데스도 먼저 태어난 누이들과 함께 삼켜질 운명에 처한다. 헤스티아, 데메테르, 헤라가 차례로 세상에 나오자마자 즉시 아버지 뱃속으로 삼켜졌고, 하데스와 동생 포세이돈 역시 누이들이 그러했듯 아버지에게 잡아먹힌다.

이 드라마는 막내 제우스가 태어날 때 달라진다. 어머니 레아가 돌베개를 아기 포대기에 싸서 두자 크로노스가 그를 삼킨다. 그 사이 레아는 아기를 몰래 빼돌려 크로노스의 눈에 띄지 않도록 숨겨 놓는다. 훗날 제우스가 장성하자 아버지를 찾아온다.

제우스는 크로노스에게 약초를 삼키게 해 뱃속에 있는 오누이들을 토하게 만든다. 하데스는 아들 중 장자였지만 아버지 뱃속에서는 가장 마지막에 나왔다. 그래서 신화에서는 하데스를 막내아들이라 한다.

아버지 뱃속에서 살아 나온 젊은 세대 신들은 힘을 합쳐 윗세대인 티탄들과 전쟁을 치른다. 10년간 지속된 전쟁에서 마침내 젊은 신들이 승리하여 우주의 통치권을 거머쥔다.

아들 삼 형제는 제비뽑기로 우주를 셋으로 나누어 다스리기로 한다. 셋째 하데스는 침침한 어둠의 하계를, 제우스는 맑은 대기와 구름 속 넓은 하늘을, 포세이돈은 잿빛 바다를 처소로 삼는다. 이때 하데스는 외눈박이 거인 키클롭스에게 모습을 감추는 투구 퀴네에Kynee를 선물 받는다. 이렇게 세 남신이 자신의 고유한 영역을 관장하게 되며 그리스에 새 질서가 구축된다.

'침침한 어둠의 하계'는 하데스 세계를 묘사한 호메로스의 표현이다. 하데스의 이미지가 다른 신들에 비해 덜 의인화되었고 그만큼 덜 구체적으로 다가오는 것처럼 하데스가 관장하는 지하 세계도 무척 모호하게 느껴진다. 죽어서 가는 자리이니 산 자가 쉽게 상상할 수 있는 곳이 아니어서일까? 이 세계를 자유롭게 왕래하는 자는 올림포스 신들 중에서도 전령 헤르메스뿐이다. 그럼 이제 하데스의 세계로 본격적인 발걸음을 내딛기에 앞서, 고대 그리스인들이 경외와 호기심을 담아 그려 낸 지하 세계의 풍경부터 찬찬히 살펴보자.

지상에서 하계로 가기 위해서는 가장 먼저 호수 아케루시아와 아케론강을 건너야 한다. 이때, 뱃사공 카론에게 은화 한 닢을 주어야 한다. 고대 그리스의 장례식을 연출한 영화를 보면 시신의 감은 눈 위로 은화 한 닢씩을 올려놓는 장면이 등장하는데, 이 동전이 바로 카론의 뱃삯이다. 카론은 오직 사자의 영혼만을 태우고 강을 건너 준다.

지하 세계는 총 아홉 겹의 스틱스강으로 에워싸여 있다. 스틱스는 오케아노스와 테티스의 딸로 본래 티탄 신족에 속하는 여신이다. 제우스가 티탄과 전쟁을 치를 때, 스틱스는 네 자녀 크라토스Kratos(힘), 비아Bia(폭력), 젤로스Zelus(의욕·질투), 니케Nike(승리)와 함께 제우스 편에 서서 싸웠기 때문에 올림포스 신들의 존경을 받는다. 이에 제우스는 신들이 맹세를 할 때마다 여신 스틱스를 그 증인으로 삼게 했다. 스틱스강에

대고 한 맹세는 신들조차도 결코 어길 수 없는 최고로 준엄한 맹세다.

스틱스강을 건너면 음울한 벌판이 펼쳐진다. 빛이 들어오지 않아 땅거미 지는 무렵처럼 항상 희미하다. 푸르스름한 빛이 도는 잿빛 세계인데, 여기가 망령들이 거주하는 자리다. 오디세우스가 돌아가신 어머니와, 트로이 전쟁에서 함께 싸웠던 아가멤논과 아이아스를 만난 곳도 바로 이곳이다.

지하 세계의 관문은 머리 셋 달린 개 케르베로스가 지킨다. 케르베로스는 영혼들이 지하 세계에서 빠져나가지 못하도록 하는데, 케르베로스의 눈길이 닿지 않는 사각은 존재하지 않는다.

이 모든 지하 세계 이미지는 고대인들의 상상력에서 태어났다. 그리스 곳곳에는 신화 속 스틱스강의 실제 모델로 추정되는 지형들이 여럿 존재한다. 아마도 고대인들은 지하로 깊게 파인 동굴과 그 아래를 흐르는 어두운 강을 보며 하계로 통하는 입구를 상상했을 것이다. 마치 산도産道처럼 좁고 길게 난 길을 통과하면 전혀 다른 세계가 펼쳐질 것이라는 상상은 인류의 보편적인 감각인 것 같다. 또한 일상에서 마주치는 이러한 지형들이, 죽음의 세계가 산 자들의 공간에서 그리 멀지 않은 곳에 있다는 무의식적인 두려움을 자극했을 법도 하다.

상상의 지형이지만 경계가 선명하다. 산 자의 세계와 죽은 자의 세계는 확연히 구획된다. 흔히 사용되는 '강을 건

넌다'는 은유적 표현이 내포하고 있는 의미처럼, 지하 세계로 향하는 길은 일방통행이라 다시 돌아올 수 없는 길이다. 오직 카론의 뱃길만이 두 세계를 이어 준다. 그리스 신화 전체를 통틀어 지하 세계에서 살아 돌아온 인간은 오르페우스, 테세우스, 헤라클레스, 오디세우스 정도다.

죽었다가 살아 돌아온 사람이 주변에 없으니 이런 상상이 사실인지 확인할 길은 없다. 몇몇 이들이 임사 체험을 경험했다며 이야기하곤 하지만 그들이 하데스 세계 어느 깊이까지 다녀왔는지도 알기 어렵다. 확실한 점은 하데스 세계에 대한 무수한 상상이나 임사 체험자들의 증언, 그리고 각 문화권의 신화가 고유하게 빚어낸 저승의 이미지 모두에 인간 내면의 '투사 드라마'가 작동하고 있다는 점이다. 이러한 지하 세계의 묘사를 상징과 은유로 받아들일 것인지, 아니면 사실로 믿을 것인지는 저 너머의 세계를 이해하는 통찰의 깊이를 결정짓는다. 그러니 무엇이 옳고 그른지, 혹은 어느 신화의 지도가 더 정확한지를 따지기에 앞서 카를 융이 남긴 묵직한 통찰에 귀 기울일 필요가 있다. 융은 사후 세계에 대한 신화, 즉 죽음에 관한 이미지를 내면에 품고 있는 사람일수록 다가올 자신의 죽음을 훨씬 온전하게 맞이할 수 있다고 말했다. '이미지가 없으면 길을 잃고 만다'는 제임스 힐먼의 말을 새삼 곱씹게 되는 대목이다.

하데스의 징벌,
영원성

그리스 신화 중 하데스 세계의 경험을 가장 상세하게 기술하고 있는 대목은 오디세우스가 눈먼 예언자 테이레시아스를 만나러 지하 세계로 들어가는 장면일 것이다. 호메로스는 《오디세이아》 11권 전체를 지하 세계에서 벌어지는 일을 묘사하는 데 할애한다. 하데스는 사자의 영혼들이 모이는 자리다. 여기서, 다시 한번 기억하자. 하데스 세계를 지옥이라 생각하는 건 큰 오해다. 지금 시대의 윤리와 상식만으로 이 세계를 바라보면 하데스의 본질과는 점점 멀어진다.

하데스는 도덕적으로 중립인 자리다. 그럼에도 하데스는 벌을 내리는 신이라는 이미지를 떨치기 어렵다. 이는 하데스 세계에서 더 깊은 곳, 한번 떨어지면 영원히 헤어날 수 없다는 지옥 타르타로스Tartarus 이미지가 혼재되어 있기 때문일 것이다. 우리말로는 이 자리를 '무한 지옥'이라 번역한다. 여기서는 지독한 형벌이 지속된다. 고전학자들은 하데스 세계를 사후 세계와 동일시하는 인식이 꽤 후대에 생겨난 것이라고 본다. 타르타로스에 대한 관념 또한 시간이 흐르며 후대에 만들어진 것이라 짐작한다.

호메로스에 따르면 타르타로스는 하데스 세계와 따로 구획된 자리는 아닌 듯하다. 아무튼 이 무한 지옥에는 누가 사는지, 그들이 받는 형벌은 어떤 것인지 오디세우스의 눈을 통해 확인해 보자.

가이아의 아들 티티오스가 타르타로스 바닥에 누워 있다. 그의 양옆에서 독수리들이 티티오스의 간을 쪼아 먹는다. 티티오스는 독수리를 제지하지 못 한다. 이는 그가 레토를 납치하려 했기에 받는 벌이다.

낮에는 쪼아 먹힌 간이 밤에는 새로 재생된다. 그래서 이 형벌은 영원히 지속된다. 날카로운 부리가 내장을 쪼아 속살로 파고드는 고통은 상상하기조차 끔찍하다. 아마 인간의 장기 중 간의 회복력이 가장 뛰어나다는 의학적 지식이 이 상상의 기저에 작동했을 것 같다.

이어 오디세우스는 탄탈로스가 물속에 서 있는 장면을 목격한다. 탄탈로스는 제우스와 인간 사이에 태어난 아들로 알려져 있다. 원래 제우스는 탄탈로스를 올림포스 신들의 식사 자리에도 초대하며 환대했지만, 탄탈로스는 신들의 음식인 넥타르와 암브로시아를 훔쳐 인간들에게 나누어 주었을 뿐 아니라 신들의 비밀을 누설하기까지 한다. 이 경솔함으로 탄탈로스는 오늘날에도 고유명사처럼 쓰이는 '탄탈로스의 형벌'을 받게 되었다.

탄탈로스가 못 안에 서 있고, 물이 턱 밑까지 차올라 닿는다. 탄탈로스는 목이 말라 물을 마시려 하지만 마실 수가 없다. 물을 마시려고 허리를 구부릴 때마다 물은 사라져 버리고 그의 발 옆으로 메마른 땅바닥이 드러난다. 머리 위로는 큰 나무에 배, 석류, 사과, 무화과, 올리브 같은 탐스러운 열매가 주렁주렁 매달려 있는데, 과일을 잡으려고 손을 내밀 때마다 바람이 가지를 위로 치켜올려 과일을 잡을 수가 없다.

열망하는 것이 눈앞에 있지만 결코 손아귀에 잡히지 않는 형벌이다. 소위 '희망 고문'이다. 한껏 기대에 부풀지만 거듭 좌절한다. 영어 'tantalize'는 감질나게 하고, 애타게 하고, 애간장을 녹인다는 뜻인데 바로 이 신화에 뿌리를 두고 있다.

오디세우스는 시시포스가 당하는 고통도 목격한다. 시시포스는 코린토스를 세운 왕이다. 제우스의 비밀을 누설한 죄로 벌을 받는데, 제우스는 죽음 그 자체인 타나토스에게 시시포스를 쇠사슬로 묶으라 명한다. 이에 잔꾀에 능한 시시포스는 사슬이 어떻게 작동하는지 타나토스에게 보여 달라고 부탁한다. 묶는 방법을 파악하자마자, 시시포스는 타나토스를 사슬로 묶어 버린다. 그러자 지상에서 더 이상 아무도 죽지 않게 된다. 세상을 큰 혼란에 빠뜨린 시시포스에게도 형벌이 내려진다.

시시포스는 두 손으로 거대한 돌덩이를 움직여 산꼭대기 너머로 밀어 올린다. 그런데 꼭대기 너머로 떨어지려는 순간 돌덩이가 다시 시시포스를 덮친다. 돌덩이는 도로 들판으로 굴러 떨어진다. 시시포스는 기를 쓰며 다시 밀어 올린다. 온몸에 땀이 비 오듯 쏟아지고 머리 위로는 먼지가 구름처럼 인다.

　타르타로스에 갇혀 벌을 받는 자들은 그리스 최고의 불경죄에 해당하는 '휴브리스', 즉 신의 권위에 도전하는 불경을 저지른 인간들이다. 신을 납치하든, 모욕하든, 신의 세계를

아버지 없는 세상의 아들들 ✦ 하데스

교란하든, 신과 인간 사이 결코 넘어서는 안 될 절대 금줄을 침범한 자들이다.

이들이 받는 형벌의 공통점은 '영구적으로 지속된다'는 것이다. 영원성은 인간 누구나 맹목적으로 갈구하는 추상일 것이다. 가변적이고 한시적인 세상에 사는 인간이기에 영원성, 항구성에 대한 갈망은 필연적일지 모른다. 불교는 '이 세상에 변치 않는 것은 없다'는 진리를 2500년 전부터 설파해 왔지만, 인간은 언제까지나 영원과 불변에 대한 갈구를 멈출 수 없는 모양이다. 그런데 지복이나 건강이 영원하기를 바란다면, 벌이나 고통 또한 항구적이라는 것을 받아들여야 마땅하다. 타르타로스 이미지들은 인간이 바라는 '영원성'이라는 추상 자체가 무한 감옥이자 지옥일 수 있다는 암시일 것이다.

하데스 세계는 천국도 지옥도 아니지만 영혼이 귀결되는 궁극의 자리이자, 죽어 지속되는 자리다. 이해가 쉽지는 않다. 하데스를 이해하기 위해, 우리가 살고 있는 지상의 관점에서 하데스 세계로 들어갈 때 맞닥뜨리는 혼란을 짚어 보자.

헤라클레스는 지하에서 광인이 된다

앞서 여러 원형 중에서도 하데스가 가장 깊이 그림자

로 들어간 신이라 했다. 현대를 살아가는 우리에게는 너무나 낯설기만 한 이 지하 세계를 방문하면 어떻게 될까? 널리 칭송되어 온 불굴의 영웅 헤라클레스가 하데스 세계에서 보여 준 모습을 통해 어느 정도 가늠해 볼 수 있다.

그리스 영웅 헤라클레스는 로마 시대에 이르러 더욱 거대한 존재가 된다. 그는 천하무적의 힘으로 대표되는 근육질 영웅이다. 그가 수행한 열두 과업으로 인해 더욱 널리 알려진 인물이기도 하다. 헤라클레스의 과업 중 마지막은 지하 세계를 지키는 개 케르베로스를 지상으로 데려오는 것이었다. 헤라클레스가 이를 수행하기 위해 하데스 세계로 갔을 때, 그 모습 역시 오디세우스가 목격한다.

주변으로 죽은 자들이 사방으로 날아가는 새 떼처럼 요란한 소리를 낸다. 헤라클레스는 활시위에 화살을 얹은 채 그들을 당장이라도 쏠 것처럼 무섭게 주위를 노려보고 있다. 그 모습이 마치 검은 밤과도 같다. 헤라클레스 가슴 부근에는 무시무시한 어깨띠가 매여 있는데, 그 황금 띠에는 곰, 멧돼지, 번쩍이는 눈의 사자, 전투와 살육의 현장 등이 새겨져 있다.

하데스 세계에서 헤라클레스는 미쳐 간다. 그는 지금껏 힘으로 무찌르지 못한 적이 없었다. 그러니 그에게 익숙한, 그리고 그가 잘하는 방식으로 이 낯선 세계에 대응하고 있다. 방망이를 휘둘러 때려 부수고, 활로 숨통을 끊어 놓고, 칼로 목을 베고 급소를 찌른다. 전심전력을 다해 적들을 물리치려 든다. 그런데 적들은 죽지도 나가떨어지지도 않는다. 호메로스는 놀란 사자들이 연기처럼 사라졌다 다시 몰려든다고 묘사했다. 당황한 헤라클레스는 점점 더 난폭해진다. 살육과 도살에 미쳐 날뛰는 헤라클레스를 보다 못한 헤르메스가 지하 세계로 내려와 일러 준다. "네가 물리치려는 것들은 환영이고 이미지야!" 헤라클레스는 여태 귀신을 때려잡으려 허공에 대고 방망이를 휘둘렀던 것이다.

헤르메스의 말대로 하데스는 이미지의 세계다. 즉 헤라클레스는 '이미지를 죽이려 든다.' 이것이 뜻하는 바는 무엇일까? 헤라클레스의 이런 행동은 앞서 언급했던, 다혈질적 성급함과 강인한 힘의 소유자 오이디푸스를 연상케 한다. 오이디푸스와 헤라클레스 모두 근육질 영웅에 속한다. 무엇보다, 그리스 신화에서 이미지를 죽이려 든 대표적인 인물들이기도 하다.

오이디푸스는 스핑크스가 낸 수수께끼를 맞힌다. 처음에는 네 발, 중간에 두 발, 나이 들어 세 발인 존재가 인간이라는 걸 알아맞힌 오이디푸스는 스핑크스가 더 이상 수수께끼를 내지 못하도록 입을 다물게 만든다. 다른 전승에서는 스핑크스를 절벽 아래로 밀어 버렸다고도 하고, 멀리 추방했다고도 한다.

스핑크스는 에니그마다. 표면적 의미 이면에 숨겨진 진실을 곱씹고, 상징의 이미지가 이끄는 심연으로 내려가 내면을 다채롭게 확장하는 그 경이로운 과정을 영웅의 성급함은 도무지 견뎌 내질 못하나 보다. 이미지를 죽인 헤라클레스나 에니그마를 죽인 오이디푸스는, 심리학적 관점으로 보면 가시적 세계 즉 자아 세계가 전부인 줄 아는 자들이다. 강인한 힘과 불굴의 의지로 적과 세상을 정복하는 것을 최고의 목표로 삼는 자들이다.

이 둘의 공통적인 사고방식이 있다. 바로 과한 명료함과 단순함이다. 그러니 모든 것이 대단히 직접적이며, 머리에 떠오르는 즉시 행동으로 옮긴다. '생각은 짧고 행동은 빠르게'가 자아 영웅의 모토라 일단 멈추고 자세히 들여다 보거나, 깊이 들으려는 건강한 수동성은 찾아볼 수 없다. 이들의 행동은 언제나 과장되어 있고 과격하며 거침이 없다. 하데스 세계에서 헤라클레스는 맹렬한 공격성 그 자체다. 이는 분명, 두려움에 사로잡힌 자의 과잉 방어다.

이런 유형의 사람에게서 관찰되는 특질이 있다. 바로 도덕적 금기를 절대적인 모토로 내세운다는 점이다. 내면에 상상의 여지가 고갈되어 맹목적으로 부여잡을 철칙이 필요한 것일까? 이들에게 도덕은 자신들의 무분별한 행위에 정당성을 부여하는 편리한 도구처럼 보인다. 또한 이들은 종종 자신이 권위를 투사하는 대상의 외침을 마치 자신의 신념인 양 그대로 복사해 오곤 하는데, 여기에는 초현실적인 단절이 있다. 그 외침이 자신의 현실이나 진실과는 전혀 무관하기 때문이다. 제임스 힐먼은 이미지의 신적인 힘을 인식하지 못한다면, 세상 모든 것을 표면적 사실이나 문자 그대로만 받아들이는 '자아 사실주의literalism of the ego'를 저지할 수 있는 방법은 오직 도덕적 금기뿐이라고 역설한 바 있다.

수수께끼와 상징과 은유처럼, 가늠할 수 없는 깊이를 담보하는 언어는 끝없는 상상을 요구한다. 이런 언어에 무지한, 하데스의 세계와 단절된 채 피상적인 사고만 하는 사람들은 복잡함과 애매함을 인내하는 능력이 크게 부족하다. 그래서 누군가 단순한 주장을 먼저 부르짖으면, 그를 마치 자신이 터득한 진리인 양 떠든다. 이들 모두는 '설익은 종결자들premature closing'이다. 문제는 대다수 현대인의 사고방식이 이에 가깝다는 것이다. '이미지를 죽이는' 헤라클레스의 모습은, 하데스 세계를 잃어버린 우리들이 반드시 마음에 새기고 숙고해야 할 이미지다.

신화 속 영웅들의 마지막 관문이 하데스 세계라 했다. 이 세계에서, 우리가 영웅이라 칭송하는 자들은 선명하게 두 부류로 나뉜다. 오디세우스, 아킬레우스, 프시케는 하데스의 어두움과 깊이가 통과 의례였다. 프시케는 지하 세계의 여왕 페르세포네에게서 잠과 관련된 선물을 받는다. 오디세우스는 기나긴 여정의 끝에서 드디어 자신의 소명을 깨닫게 된다. 운명을 거부하던 아킬레우스는 비로소 죽음을 수용하며 인간성을 획득한다. 이들 영웅과는 대조적인 인물이 바로 헤라클레스다.

헤라클레스는 하데스 세계에서 완전히 '까막눈'이다. 자부심이던 근육질 몸과 저돌성은 이 세계에서 한없이 무력해지고, 지상에서 칭송받던 자신의 영웅적인 힘이 지하에서는 그저 병리적 광란일 따름이다. 둘 다 영웅이라 칭하지만, '영혼 영웅'과 '자아 영웅'은 전혀 다른 세계를 바라보고 전혀 다른 것을 추구한다.

하데스 세계는 죽음의 세계다. 앞서 언급한 영웅들이 거친 통과 의례처럼, 죽고 거듭남의 자리다. 자아 영웅이 배워야 할 점은 문자 그대로의 죽음이 아닌 '죽을 필요'와 '죽음의 진정한 의미'를 이해하는 법, 죽음의 영혼적 가치를 깨닫는 일이다. 익숙한 자신이 죽어야 본질적인 자신으로 거듭난다. 심층심리학적 언어로 표현하면 '자아ego가 죽어야 자기the self가 된다.' 신화가 발달한 문화권에서는 평생 여러 번의 통과 의례를 치른다. 이때 낡은 자아가 죽고 새로운 자아로 부활하는 '삶과 죽음의 드라마'가 펼쳐진다. 우리말의 '나이'가 이 의미를 내포하고 있는 듯하다. 나이는 '낳다'에서 나왔다. 나이듦이란 '거듭 태어남'이 나이테처럼 쌓여 간다는 아름다운 뜻이다. 거듭남은 곧 거듭 죽음을 뜻한다. 그리고 이 죽음의 열쇠가 바로 하데스의 손에 들려 있다.

헤라클레스는 은유적 죽음이 아니라 죽음 자체를 무찌르려 든다. 이 점에서, 그는 죽음의 섭리를 거스르려다 영원한 형벌에 갇히고 만 시시포스와 다르지 않다. 그런데 죽음

앞에서는 우리 현대인 대다수도 헤라클레스처럼 행동하지 않는가?

앞서 하데스를 '볼 수 있으면 보게 해 주는 부'라고 했다. 하데스의 부는 자아가 아니라 영혼의 부다. '까막눈 헤라클레스'와는 대조적인 태도를, 프랑스의 철학자 가스통 바슐라르Gaston Bachelard의 심오한 표현에서 엿본다.

"우리는 어떻게 익숙한 기억의 안정된 기반으로부터 놓여날 수 있는가? 우리에게 이미 의미가 되어 버린 것들을 끊어낼 수 있을까?"

바슐라르는 하데스를 갈구한다. 깊이에 대한 염원이야말로 정신의 본질적 추구일 것이다. 안정된 기반을 확립하고, 해체하고, 다시 확립하는 과정이 의식을 깊이와 넓이로 확장해 가는 유일한 길이다. 또한 영혼의 본질로 다가가는 길이기도 하다. 현대인이 헤라클레스처럼 '안정' '발달' '불변' 같은 가치에 집착하는 이유는, 하데스를 곧 끝이고 멸절이라 여기기 때문이라 생각된다. '하데스의 부를 볼 수 없는 자'는 그게 권력이든 돈이든 부동산이든 가시적인 대치물을 부로 섬기게 된다.

이제 숨겨진 은밀한 부를 알아볼 안목을 기르기 위해, 지하 세계를 향한 본격적인 이해의 여정을 시작해 보자.

영혼의 깊이,
깊이의 부

지하 세계는 정신의 영역이다. 순수 심리학적 세계인 것이다. 오디세우스와 헤라클레스가 목격한 것처럼 이 세계에서 만나는 것들은 삶 너머의 존재들이다. 눈에 보이고 손에 잡히며 힘으로 제압할 수 있는 것만이 실체라 믿는 헤라클레스의 세계관은 지하 세계에서 철저히 무력화된다. 지상에서 통용되던 모든 익숙한 질서가 지하 세계에서는 완전히 뒤집히는 것이다. 이 세계는 오감으로 감지하는 세상이 아니다. 그렇지만 경험으로 그 존재를 충분히 느낄 수 있다.

하데스 세계에서는 모든 것이 전복된다. 가시적인 것들이 비가시적인 것으로 바뀌고, 물질이 비물질로 전환한다. 오디세우스가 본대로 몸, 물질, 자연이 해체되어 마치 거울에 비친 상이나 그림자 같은 이미지들로 펼쳐진다. 고대 그리스인들은 이를 가리켜 '에이돌라eidola'라고 불렀다. 에이돌라는 관념적인 형상 또는 모습이라는 뜻이다. 쉽게 말해, 마음속에 떠오른 그림 같은 것이다. 어둠이 내리고 눈을 감으면 이내 꿈의 세계가 열리듯, 누구나 매일 밤 경험하는 그 내면의 이미지들이 끝없이 펼쳐지는 자리가 바로 하데스다. 하데스의 실체는 곧 이미지 그 자체다.

따라서 하데스의 특질인 비가시성은 엄밀히 말해 '어

두움으로 보고 드러나지 않는 것을 본다'는 뜻이다. 종종 자신에겐 꿈도, 무의식의 세계도 없다고 잘라 말하는 이들이 있다. 이들에게 하데스는 실제로 없는 세계다. 그러나 이 단언은 이면의 세계가 부재한다는 뜻이 아니라, 오직 눈에 보이는 것만 믿는 좁은 인식 탓에 보이지 않는 세계를 통째로 부인해 버리는 '영적 까막눈'의 고백일 따름이다.

하데스를 어두움의 세계이자 깊이의 세계라 했다. 그렇다면 도대체 어떤 깊이를 말하는 것일까? '영혼을 공부하기 위해서 우리는 깊이로 들어가야 한다'는, 고대 그리스 철학자 헤라클레이토스의 진술에 실마리가 있다. 깊은 자리는 영혼과 관계가 있다. 우리는 무의식적으로나마 깊이와 영혼의 연결을 인식하고 있는 듯한데, 이는 '영혼'이라는 단어의 쓰임새를 보면 알 수 있다.

우리말 '넋' '얼' '혼'이 영어로는 '소울soul'이다. 이제 소울이 더해져 자주 쓰이는 표현들을 보자. '소울 뮤직' '소울 푸드' '소울 메이트'…. 여기서의 소울은 명사가 아니라 일종의 수식어다. '혼을 자극해 심금을 울리는 음악' '혼에 자양분이 되어 생명을 살리는 음식' '혼이 맞닿아 있을 만큼 친밀한 연인'이다. 즉 소울은 그 무엇을 향하는 '관점'이다. 이 관점은 현상에 대해 성찰하고 침잠하게 만들기에 수직의 깊이가 특질이다. 이 심오한 깊이가 영혼의 세계 즉 하데스의 차원이다.

하데스를 영혼의 자리라 했다. 무엇을 하고 어떤 사람

이 될 것인지 끊임없이 성공을 좇으며, 모든 상황을 내 뜻대로 통제하려 드는 '나'를 내세우는 방식에만 익숙해진 현대인들에게, 보이지 않는 이면을 헤아리는 영혼의 관점은 당연히 낯설고 막막할 수밖에 없다. 플라톤은 하데스를 '낮의 비움void of day'이라 표현했다. 이를 의역하면 '빛으로 보이는 가시적인 것들이 비워진다empty'는 의미일 것이다. 그렇지만 하데스 세계는 불교가 말하는 '공空'의 개념이 그러하듯 '무nothing'가 아니다. 나를 비움으로, 본성대로의 나라는 존재의 근원이 비로소 드러나게 되는 것이 바로 하데스 세계의 비밀이다.

헤라클레이토스는 보이지 않는 연결이 보이는 연결보다 훨씬 강하다고 말했다. 영웅의 마지막 관문이 하데스 세계일 수밖에 없는 연유도 여기에 기인할 것이다. 오디세우스는 10년간의 전쟁을 마치고 전후 10년 동안 고향에 돌아가려 하지만, 번번이 장애물을 맞닥뜨려 좌절하고 배회한다. 여정의 끝자락, 오디세우스는 아니마를 상징하는 마녀 키르케의 섬 아이아이에Aeaea에 당도한다. 그곳에서 치명적인 유혹을 극복하고 그녀와 화해한 뒤에야 비로소 가장 깊은 무의식인 하데스를 향한 진정한 여정을 시작한다. 자신이 왜 이토록 떠도는 것인지, 염원하는 고향으로 돌아가지 못하는 이유는 무엇인지, 전체 인과의 그물망을 선명하게 직시하게 되는 자리가 하데스의 세계다.

보이지 않는 연결이란 '운명의 실' 같은 것이다. 일상을 바삐 보내느라 평소에는 의식하지 못하지만 삶은 언제나 운명의 실로 직조되고 있다. 숨겨져 있던 존재의 고유한 서사가 마침내 눈앞의 평면 위에 선명히 떠오르는 순간, 우리는 비로소 '아, 나의 삶은 결국 이런 것이었구나!' 하고 깊은 탄성을 내뱉게 된다. 우리는 이 경이로운 발견을 운명, 소명, 삶의 의미, 자기 실현, 혹은 개인의 신화라는 다채로운 이름으로 불러 왔다. 이 중 어떤 용어가 더 친숙하게 와닿든, 이것이야말로 인간이 평생을 바쳐 기필코 찾아내고자 하는 궁극의 진실이라 믿는다. 마침 이를 이해하는 데 도움이 되는 폴리네시아 신화 이미지가 있다.

낚시꾼은 하루하루 낚시를 하며 열심히 살아간다. 그러다 어떤 운명적인 순간, 발아래를 내려다보자 자신이 거대한 고래의 등 위에 타고 있다는 걸 알게 된다.

낚시꾼이 고래의 존재를 인식하게 된 계기인 시야의 전환, 인식의 전환, 차원의 전환이 바로 하데스 세계에서 일어난다. 바다의 변화, 낚시에 걸리는 물고기만 바라보며 사는 게 우리 대부분의 모습이다. 그러나 갑자기 고래가 눈에 들어오는 순간, 삶은 획기적으로 달라진다. 삶의 방향타이자 목적은 낚시꾼이 아니라 고래에 달린 것이다. 무의식의 바다 밑에 있던 고래가 비로소 떠올라 눈에 들어오는 자리가 하데스 세계이기에, 이 세계를 향한 여정이 영웅의 마지막 관문이자 완성인가 보다.

결론적으로 '하데스'는 신화적 스타일로 심리학적 우주를 나타내는 표현이다. 특별히 이 세계 탐색을 중요하게 여기는 심층심리학에서, 심층은 하데스의 깊이를 뜻하며 목표는 다름 아닌 '영혼의 돌봄'이다. 이 계보를 잇는 제임스 힐먼은 자신의 심리학을 '영혼심리학soul psychology'이라 부른다. 낮과 피상으로 대표되는 현시대, 우리가 회복해야만 하는 단어 하나를 꼽자면 '영혼'일 것이다. 일상이 영혼과 접촉할 때 저 너머, 내면의 깊이로 향하는 정신의 근원적 갈망을 따르는 삶을 살아가게 될 것이다. 하데스의 풍요를 마음껏 누리는 삶이다.

헤라클레스는 하데스에서 방향을 상실한다. 두려움에 압도되어 깊이의 부를 보지 못한다. 마치 현대인의 자화상 같다. 하데스로의 하강 없이는 결코 '고래'를 만날 수는 없다는 점을 잊지 말자. 그것만이 평온한 척하지만 속으로는 늘 불안과 무의미에 쫓기며 바쁘게 살아가는 '표피적 평온'을 멈추는 유일한 길이다.

헤라클레스와 달리 하데스 세계 통과 의례를 거친 영웅 오디세우스의 모험을 살피면 또 다른 통찰을 얻을 수 있다. 비가시적인 인과의 그물망을 인식하게 된 오이디푸스 말년의 삶은 이전까지와는 전혀 다른 모습으로 펼쳐진다.

하데스는
우리의 무덤이자 자궁이다

오디세우스는 고향 이타카를 향한 기나긴 여정을 거쳤다. 이타카의 왕 오디세우스에게는 뛰어난 지략과 놀라운 유연성, 트로이 목마를 만들어 그리스를 승리로 이끈 영웅다움이 있었다. 그런 그의 영웅적 면모는 세월의 거친 파고에 빛바래고 풍화되어, 그는 저절로 '겸허'해졌다. 이렇게 지칠 만큼 지치고 우울해져 영웅다운 모습이라고는 하나도 남지 않은 시점에, 오디세우스는 하데스 세계로 들어간다.

오디세우스의 하데스 모험은 현자 테이레시아스의 혼백을 만나기 위해서였다. 테이레시아스는 테바이의 예언가였다. '남자와 여자 중 어느 쪽이 섹스를 더 즐기는가'를 두고 헤라와 제우스가 한 내기에 등장하는 바로 그 인물이다. 신들은 테이레시아스에게 여성과 남성으로 각각 7년씩 살아 본 후 돌아와 답을 달라고 명한다. 돌아온 테이레시아스는 '여자가 아홉 배나 더 즐긴다'는 답을 했는데, 이를 듣자마자 분노한 헤라가 테이레시아스를 눈멀게 했다고 신화는 전한다. 상을 줘야지 왜 화를 내는지, 나는 늘 의아한 대목이다.

테이레시아스의 감은 눈은 안을 향해 열려 있다. 빛으로 보는 눈이 닫히자, '제3의 눈'이라 부르는 직관의 눈이 떠진다. 테이레시아스는 탁월한 통찰력, 무의식의 지혜를 체현하는 그리스 신화의 대표적 인물이다.

《오디세이아》에서, 오디세우스가 하데스 세계에서 테이레시아스를 만나는 장면은 단연 백미다. 이 만남에서 오디세우스는 지혜의 원천이자 심리학적 진실을 마주한다. '깊은 곳의 진실'을 전하는 메신저 테이레시아스와 만나 대화하게 된 오디세우스는 마침내 운명적 질문들을 던진다. '나는 왜 이토록 떠돌아야 하는가?' '이 고달픈 삶이 전부 무슨 의미인가?' '앞으로 어떻게 살아야 하는가?' 운명의 실이 직조하는 삶의 본질에 관한 물음과 답이 오간다.

테이레시아스는 오디세우스가 포세이돈의 외눈박이 아들 폴리페모스Polyphemus의 눈을 멀게 만든 잘못으로 10년간 떠돌게 되었다고 말해 준다. 진노한 포세이돈 신이 폭풍우를 일으켜 오디세우스의 배를 난파시키고 선원들을 죽게 하며 귀향을 가로막고 있다는 것이다.

이 사건을 원형심리학적으로 표현하면, 우선 오디세우스는 포세이돈 원형을 존중하지 않았다. 《오디세이아》는 표면적으로 오디세우스 모험의 기록이지만, 원형적 차원에서는 아테나와 포세이돈의 기나긴 싸움이 펼쳐진다. 포세이돈은 오디세우스를 거듭 위험에 빠뜨리고, 아테나는 오디세우스를 올곧게 지켜 낸다. 아테나는 멘토로서 오디세우스에게 지혜와 우정을 쏟아부으며, 그가 여정을 중단하지 않도록 격려하고 또 그 가족들을 돌본다. 그리스 최고의 지략가이자 민첩함

과 유연성의 대명사 오디세우스가 아테나는 섬기면서, 바다
를 잔잔하게 만들어 항해자를 보호하는 포세이돈은 섬기지
않는다는 게 다소 의아하긴 하지만 말이다.

✳ 아르놀트 뵈클린, 〈오디세우스와 폴리페모스〉. 바위
를 든 채 분노에 휩싸인 외눈박이 거인 폴리페모스(우
측)와 거센 파도는 금방이라도 배를 집어삼킬 듯한 긴
장감을 자아낸다. 폴리페모스의 눈을 찌르고 섬을 탈
출한 오디세우스는 폴리페모스를 향해 자신의 정체를
밝히며 거드름을 피우는데, 이 치명적인 오만함으로
인해 포세이돈의 분노를 사 기나긴 방황을 시작하게
된다. 보스턴미술관 소장.

현자 테이레시아스는 오디세우스에게 포세이돈을 존
중하는 법을 일러 준다. 바다가 보이지 않는 곳에 살면서 소
금기 있는 음식을 먹지 않는 사람들의 땅으로 가, 어깨 위에
키를 쓰고 가는 사람을 만나면 그 자리에 노를 심고 제물을
바치라고 한다. 포세이돈 신을 가장 두려워하지 않는 사람들

사이에 확고하게 신의 표식을 세우라는 뜻으로 읽히는데, 이는 정신에서 가장 먼 자리에서까지 포세이돈을 기억하고 숭배하라는 말일 것이다. 비로소, 삶에서 가장 큰 시련을 안긴 신의 상징을 가시화하는 오디세우스다.

끝없는 방황을 상징하던 바다의 도구인 '노'가, 이제는 땅에 단단히 뿌리내리는 나무처럼 정착과 농경의 은유로 전환된다. 포세이돈은 바다뿐 아니라 물의 신이기도 해서 농업에도 필수적인 신이다. 이 이미지는 10년간 이어진 오디세우스의 험난한 여정을 기리는 기념비로도 읽히는데, 이제 바다에서 벗어나게 된 오디세우스에게는 이 표류의 경험이 앞으로 삶의 토대가 될 것이다. 기념비가 된 노는 그가 겪어 온 거친 바다의 여정을 명예롭게 기리는 동시에, 오디세우스의 개인적 깨달음을 바다를 모르는 타인들에게 전하는 보편적 상징으로 승화된다. 이것이 바로 오디세우스 여정의 윤리적 의미이기도 할 것이다.

노의 운명은 오디세우스 모험의 시작이자 끝을 나타낸다. 또한 바다에서 뭍으로, 물에서 땅으로, 배회에서 정주로 노의 핵심 의미가 달라진다. 삶은 노를 젓듯 어깨 힘으로 개척하는 것이 아니며, 삶의 마무리는 운명에 따르는 적극적 수동과 수용의 태도로 지어야 한다는 뜻이 내포된 듯하다.

하데스는 오디세우스에게 무덤이자 자궁이다. 하데스를 통해 오디세우스 삶의 중심이 자아에서 자기로 옮겨 간다.

이타카의 왕이자 트로이 전쟁 최고 영웅이라는 사회적 정체성은 퇴각하고 그 자리에 존재론적 정체성이 들어선다. 성취에서 존재로 중심을 이동함과 동시에, 바깥세상이 아닌 내면세계가 더 중요한 실체로 등극한다. 이제 그의 내면에서는 원형들이 재배열될 것이다. 비로소 심리학적 진실, 즉 '영혼적 삶'을 따르게 된 것이다. 이제 오디세우스의 삶에는 테이레시아스로 상징되는 '무의식의 지혜'가 곧 노가 되고 방향이 되어 줄 것이다.

삶의 위기는
곧 하데스로의 초대

하데스의 부란 무엇인지 오디세우스를 통해 어느 정도 가늠해 보았다. 이러한 신화적 통찰을 구체적인 삶으로 살아 낸 이가 있다. 현대인 중에서 하데스 세계로의 하강이라는 '네키아Nekyia'를 치열하게 감행한 이는 바로 카를 융이다. 앞서 언급한 '영혼을 공부하기 위해서는 깊이로 들어가야 한다'는 헤라클레이토스의 말처럼, 융의 하데스 세계로의 하강은 자신의 영혼을 찾기 위한 여정이었다.

융은 나이 마흔에 '중년의 위기'를 맞는다. 괴테의 《파우스트》 첫 대사처럼, 융은 사실 세속적인 성취를 '전부 다 이루었다.' 자녀 다섯을 둔 건강한 가정을 일구었고, 학문적 업적으로 세계적인 명성을 획득한 정신과 의사였고, 경제적으로도 최상의 부를 얻었다. 이렇게 성실하게 살아온 결과 그는 영혼을 상실했다는 사실을 깨닫는다.

이 실존적 위기의 시기에, 융과는 다른 자리에서 무의식 세계를 임상적으로 입증해 낸 동료이자 심층심리학의 선구자인 프로이트와 결별하게 된다. 이 사건이 결정적인 도화선이 되었다. 무의식에 대한 둘 사이 견해 차이가 있었기에 불가피한 선택이었고 또 용기 있는 결단이었지만, 이후 전문가 집단에서 융의 입지는 크게 위협받게 되었다. 게다가 당시는 세계 대전 발발 직전이었다. 융의 영혼은 무의식에 대한 감각들이 섬세하게 열려 있기에, 그는 공기 중에 가득한 파괴와 혼돈의 무게를 체감하지 않을 수 없었을 것이다. 모든 것이 와해되어 뒤죽박죽인 순간, 융의 선택은 눈을 안으로 돌리는 것이었다.

융은 자신을 대상으로 준엄한 심리학 실험을 감행한다. 훗날 '적극적 명상active meditation'이라 명명한 '깨어서 꿈꾸기'를 하며 무의식과의 소통을 시작한다. 이를 융 스스로 '댐이 무너지고, 카오스와 대면한 원시적 경험'이라 표현했다. 대단한 용기를 요하는 힘겨운 작업이다. 이 시기를 소위 '레드북 시기'라고 부르는데, 특히 1913년부터 1917년 사이 융은 '집중적으로 자발적인 은둔'을 했다. 고립된 상태에서의 고독한 실험은 16년간 이어졌다. 그 결실이 지난 2009년 처음 출간되어 엄청난 파문을 일으킨 《레드 북》이다.

카를 융은 "무의식으로 향하는 문을 활짝 열어 젖힌다"라고 자서전에 표현했다. 오디세우스가 하데스 세계로 들어갔듯, 융 또한 스스로 무의식으로의 하강을 감행했다. 융은 무의식의 산물인 비전, 꿈, 상상력이라는 '이미지'에 천착했다. 그에 대한 해석이나 분석을 시도한 것이 아니라 마치 극을 하듯 이미지에 참여했다. 대단히 겸허한 자세로, 융은 그 이미지들이 이끄는 대로 따랐고 이미지의 가르침을 그대로 수용했다.

이를 통해 융은 무의식이 텅 빈 세계가 아니라 이미지의 향연이 펼쳐지는 풍요로운 세계임을 드러내 보여 주었다. 그리고 인간의 심층은 개인적 차원에 머무르는 것이 아니라 선조와 역사의 무게를 품고 있다는 사실을 인식하게 되었다. 아니마와 아니무스, 자기, 집단적 무의식, 원형, 개성화 이론 등 융이 탄생시킨 중요한 개념들의 씨앗도 이 시기에 뿌려진다. 이후 융의 삶은 이때 경험한 내용들을 정교하게 체계화 및 이론화하는 것이었다.

오디세우스와 마찬가지로 융의 일생 또한 '중년의 위기는 정신세계로의 준엄한 초대'임을 선명하게 말해 준다. 오디세우스가 현자 테이레시아스를 만나 자신의 운명을 깨닫듯, 융은 내면의 현자 '필레몬Philemon'을 만나 자기 삶의 방향성과 의미를 명료화한다.

융은 내면에서부터 밀려 나오는 압도적인 힘과 메시지를 대면하며 내면세계의 여정을 이들과 함께한다. 그 메시지란 융 개인을 넘어선 집단적 이미지들이었다. 융은 "이로부터 나는 나에게만 속하기를 멈추었고, 비로소 내 삶이 보편generality에 속하게 되었다"라고 했다. 융은 자신의 풍요로운 경험을 실체라는 현실의 토양에 심으려 했다. 그렇게 하지 않으면 타당성 없는 주관적인 추정으로 머물게 된다는 것이었다. 내면세계로부터 얻은 놀라운 통찰에 대해 그가 느낀 윤리적 책무였을 것이다. 결국 융은 '영혼의 지도map of the soul'를 그려 현대인에게 선사했다.

융은 말년에 자신의 삶을 회고하면서, "나는 정신을 섬기는 데 헌신했다I dedicated myself to service of the psyche. 사랑했고 끔찍했으나, 이것이야말로 최상의 부였다"라고 고백했다. 누구든 삶을 감당하며 충만하게 살 수 있는 유일한 길이 이 길이라며, 진지하게 자기 탐색을 하고자 하는 현대인에게 몸소 그가 걸은 길을 보여 주었다. '영웅은 아무도 탐험하지 않는 길을 먼저 탐색하며, 이 세계를 탐색하려는 사람들을 위해 지도를 그려 주는 사람'이라는 말 그대로의 삶을 살아 내었다.

중년의 위기가 곧 중년의 초대였음을 융은 삶으로 증언했다. 삶의 후반부가 길어진 데다 수많은 위기들이 넘쳐나는 오늘날, 우리에게는 '숨어 있는 부'라는 내면을 탐색할 기회이자 책무가 주어졌다. 또한 그 어떤 시대보다 이를 위한 시간이 충분하다. 볼 수 있으면 보게 되는 부를 향해 눈을 안으로 돌리고 깊이의 세계로 기꺼이 하강하는 것이, 하데스의 풍요로 영혼이 비옥해지는 길일 것이다.

기꺼이 하강하는 사람만이
풍요를 누린다

하데스는 그림자 가장 깊은 곳으로 들어간 신이라 했다. 하데스의 세계에서 놀라운 통찰을 얻은 카를 융은 '구원의 열쇠는 그림자 속에 있다'고 선언했다. 인류가 '제임스 웹'이라는 괄목할 망원경으로 우주라는 미지를 탐사하듯, 내면 세계 또한 안으로의 또 깊이로의 탐험이 절실한 때다. 특히 우리 의식에서 제일 멀리 유배시킨 하데스에 구원의 열쇠가 놓여 있다면, 네키아는 택해야만 할 필연이자 구원의 길이다.

융은 자신의 탐색을 '내면 여정inner journey'이 아니라 '세상을 향한 여정journey out'이라고 말했다. 안으로 뛰어들지 않고 세상으로 향하는 길은 없음을 강조한 역설적 표현이다. 궁극의 자리에서 안과 밖은 이어질 수밖에 없을지라도, 지금 우리가 먼저 해야 할 일은 그동안 철저하게 무시해 온 우리의 가까운 미지, 각자의 내면을 탐색하는 것이라 생각한다.

어떻게 하데스를 자신의 삶으로 불러들일 수 있을까?

어떻게 하면 하데스의 부로 영혼이 비옥해질 수 있을까? 영웅이고자 매진해 온 현대인이 남겨진 삶을 영혼의 돌봄으로 갈무리하고자 할 때, 즉 자아에서 자기로 삶의 중심을 이동하고자 할 때 하데스는 그를 위한 필연적인 길이자 방향이고, 허기진 우리 영혼의 자양분임을 앞선 선각자들이 삶으로 드러내 보여 주었다.

마침내 저마다 자신의 '마음 오디세이아'를 시작하려 할 때, 고대 그리스의 오디세우스와 현대의 융이 뱃사공 카론이 되어 하데스로의 길라잡이가 되어 줄 것이다. 그들을 따라가다 보면 우리도 내면 깊이에서 기다리고 있는 현자를 만나 보이지 않는 운명의 그물을 가시화할 수도 있을 것이다.

영혼의 지도는 이미 그려져 있다. 먼저 탐색했던 선조들의 선물이다. 여정에 오르면 수많은 난관을 맞닥뜨리고, 난파되고 표류할 것이다. 삶에 쉬운 길은 없지만, 나만의 길은 있음을 믿는다. 모험으로 가득할 나의 길이 결국 풍요의 길이자, 영예로운 길이고, 또 유일한 길이다.